大串夏身・金沢みどり【監修】

ライブラリー 図書館情報学・・・・・・・・・・・・・・・・・・・・8

伊藤民雄【著】

# 図書館情報資源概論

学文社

# まえがき

アメリカの上院議員の有名な言葉に,「情報を民主主義の通貨とすれば,図書館は情報の銀行である」(If information is currency of democracy, then libraries are its banks.) がある。

本書は,直接的には2012(平成24)年度から本格的に開始された大学司書養成課程の必修科目である「図書館情報資源概論」のテキストとして作成したものである。「図書館情報資源概論」は,印刷資料・非印刷資料・電子資料とネットワーク情報資源からなる図書館情報資源の,類型と特質,歴史,生産,流通,選択,収集,保存,図書館業務に必要な情報資源に関する知識等の基本を解説する概説科目である。図書館サービスは,情報と資料を駆使した人的サービスであるが,そのサービスを行う上での基礎となるのが当科目である。

21世紀という高度情報通信ネットワークを基盤とした新たな社会の到来と利用者の情報ニーズの高度化に伴い,図書館,特に公共図書館は,「読書振興センター」に加えて,あらゆる種類の知識と情報を容易に利用可能な地域社会の情報基盤センターとしての機能が求められている。それを実現するために,図書館員は「民主主義の通貨」たる資料・情報(情報資源)に精通し,いかなる考えや理論のもとに「情報の銀行」たる図書館に集められ,提供されているかを理解することが重要である。

よく言われることとして,図書館(員)は,利用者と情報資源の積極的な仲介者たれ,という言葉がある。図書館の中にいると,図書館を中心として情報は自然と集まってくるように錯覚しがちである。しかしながら利用者側から見れば,図書館は情報資源の一つにしかすぎない,と強く意識すべきである。情報アクセスの手段が多様化する中でこの傾向はさらに顕著となっており,図書館は他の情報資源やその情報の生産や流通(具体的には作家,出版者,取次,代理店，書店，など）との関係性にもっと目を向けなければならない。そのため本書では，「図書館が扱う（べき）情報資源」「生産者・流通者が伝えたい情報」「利用者が求める情報」という3つの視点から論を進めることにした。

本書は9章構成であるが，大きく4つに分けることができる。

情報資源の類型と特質（第1章～第4章）

出版の生産と流通（第5章）

蔵書構成・管理（第6章～第8章）

学術情報資源（第9章）

先述した「図書館が扱う（べき）情報資源」は第1章から第4章まで，「生産者・流通者が伝えたい情報」は第5章，「利用者が求める情報」は第6章から第9章までが該当する。

第9章の扱いについて補足説明を行うと，本書は，主として公共図書館（員を目指す人）を対象とした情報資源の概説書を志向している。しかし，蔵書構成・管理を解説していく時，実際は学問分野や主題分野の知識を前提にしないと説明しきれない箇所が多数現出する。そのため後付となるが，最終章（第9章）に学術情報資源を置いて，人文科学，社会科学，自然科学・技術の各分野における知識の構造と情報・資料（旧科目の「専門資料論」に該当する）を説明することとした。学習を進める上で，蔵書構成・管理（第6章から第8章）に入る前に，第9章を一読しておけば，より深く内容を理解できるものと考えるし，大学図書館や専門図書館の蔵書構成についても対応可能となる。

本書を読んで，図書館及び情報資源に理解を深め，さらに探求を続けられることを期待したい。

2012年8月吉日

伊藤 民雄

# 目　　次

# 第1章
# 図書館と図書館情報資源

図書館でアクセス可能な情報資源を図書館情報資源と呼ぶ。これらは世の中での役目が終わったから保存されているわけではない。なんらかの理由に基づき，図書館の意志により収集された資料が図書館情報資源である。そのなんらかの理由を科学的かつ体系的に考えようとするのが本章の目的である。

## 第1節　図書館情報資源と情報

### 1　図書館情報資源とは

図書館情報資源とは,「図書館」と「情報資源」の合成語である。従来は「図書館」と「資料」の合成語である「図書館資料」という名称を使用していた。これに加えて主として外部情報であるネットワーク情報資源（第3章参照）を強調するためにこの名称が使用されることになった。本書ではネットワーク情報資源を除いた情報源を説明する場合には「図書館資料」という名称を使用することがある。これらの言葉を，『図書館情報学用語辞典』（第3版）[1]と，『最新図書館用語大辞典』[2]から抽出してみることにしよう。

**図書館**

「人間の知的生産物である記録された知識や情報を収集，組織，保存し，人々の要求に応じて提供することを目的とする社会的機関。」(『図書館情報学用語辞典』)

「各種図書およびその他の資料（図書館資料），情報を収集・組織・保存して利用者の要求に応じて提供する公共的サービス機関。」(『最新図書館用語大辞典』)

**資料**

「何かを行うときに使う資金，原料，資材。また，研究や調査に用いる材料の意味にも使われる。」(『最新図書館用語大辞典』)

**情報資源**

「必要なときに利用できるように何らかの方法で蓄積された情報や資料。」「組織にとっての資源とみなされた情報。」(『図書館情報学用語辞典』)

これらから，ひとまず図書館情報資源(図書館資料)を，「図書館活動の材料として，収集・組織・保存して，人々(利用者)の要求に応じて提供される，人間の知的生産物である記録された知識や情報」である，ということにしておく。

しかし，「人間の知的生産物である記録された知識や情報」の部分だけを取り上げると，これら蓄積型(収集・組織・保存・提供することを目的とする)の類縁機関・施設は図書館以外にも存在する。それは，図書館と並んで社会教育のための施設である博物館と文書館である。博物館は，歴史，芸術，民俗，産業，自然科学等に関する資料の収集を行い，また，文書館は，個人，機関，団体による日々の業務執行上で発生する公文書や私文書の収集を行う。

## 2 情報とは

「情報」という言葉から何を連想するだろうか。情報という言葉はいろいろな方面でいろいろなかたちで使用されている。『最新図書館用語大辞典』によれば，「(情報とは)一般には，ある物事についての知らせ，何らかの知識が得られるもののこと」と定義されている。情報自体は，あくまで抽象的で実体のないものである。それは言葉や記号で表現することができるが，「もの」ではないため，非常に定義の難しい言葉でもある。しかし，実際には，文字，空気，光，電気・電子や装置・機器という物理的通路を通って，われわれの眼や耳に達する。情報は，情報を発する送り手と受け手を前提とし，受け手が受ける以前と以後でなんらかの変化が起こったときにのみ，それは情報と認識される。つまり情報は一種の刺激である。

ここで情報とよく似た言葉である，事実，データ，知識を整理しておく[3)]。

- 事実：客観的に実在していることがら
- データ：客観的実在の反映であり，伝達できるように記号化したもの
- 情報：データを特定の目的や問題解決に役立つように加工したもの
- 知識：情報を集積し体系化して将来の一般的な使用にも耐える普遍性をもたせたもの

戸田は，役立つデータが「情報」であり，情報を体系的に整理したものを「知識」としている[4)]。この四者を活用して推論や問題解決に当たる知的行動能力が「知能」[5)]である。情報の性質には，①消費されてもなくならない最小単位がある（非消費性），②第三者に渡しても，自分の手元にも残せる（非移転性），③豊富に生産され，累積されるほど，その価値が相乗効果で高まる（累積効果性），④入手の際，価値が事前評価できず，情報の所有者，作成者の信用性が重要な判断基準となる（信用価値性），がある[6)]。

この「情報」という言葉誕生の時期はいまだ確定していない。森鷗外の造語説が通説となっていたが，小野厚夫の探究により，1876（明治9）年，酒井忠恕がフランス兵書の翻訳で，「renseignement」の訳語として「情報」を使用したのが最古ではないかとされる[7)]が，軍事用語を発祥とするのは間違いないようだ。また，現代の情報概念＝「知らせ」の意味で，情報を最初に用いたのは福沢諭吉とされ，1879年に，著書『民情一新』[8)]で，蒸気船車，電信，印刷，郵便の四者を，「社会の心情を変動するの利器なり」と指摘し，「聞見を博くして事物の有様を知る……即ち英語にて云へば「インフォルメーション」の義に解して可ならん」と述べている。

### (1) 情報メディアとは

情報の送り手と受け手の両者間にあって，情報伝達する媒体や媒介を情報メディア（情報媒体あるいは単にメディアともいう）という。情報は常に情報メディアによって伝達される。情報メディアのなかで，最も原始的であり，基本的なものが身体メディアである。また，その情報メディアを受け手に送り届ける情

報の仲介者が存在することもある。たとえば，情報の送り手を作家，受け手を読者としよう。作家の産み出した作品は，図書というかたちで，図書館を経て利用者に届く。この場合，図書が情報メディアであり，図書館が情報の仲介者となる。ただし，情報の仲介者は複数あってもかまわない。

メディアには文字メディア，活字メディア，映像メディア，電信メディア，電波メディア，デジタルメディア，ネットワークメディアなどがあり，双方向や同期的に送受信できるものもある。さまざまなメディアによる意思伝達をコミュニケーションと呼び，不特定多数の大衆への大量の情報伝達，大衆伝達，大衆通報をマスコミュニケーションという。

さらにメディアには，①マスコミュニケーションのように1点を発信源とし大量一括伝送を行う大衆媒体，大量伝達手段であるマスメディア（例：テレビ，ラジオ，新聞，雑誌，映画など），および②情報の記録，伝達，保管などに用いられる物や装置，たとえばビデオやコンパクト・ディスクCDのような，いわゆる記録媒体（記録メディアともいう），の2つの意味がある。①②ともメディアの中味をコンテンツ，あるいはソフトウェアと呼ぶ。そのコンテンツには，映像コンテンツ（放送メディア，映画メディア，映像出版メディア），テキストコンテンツ（出版メディア，新聞メディア），音楽コンテンツ（音楽出版メディア），等がある。なお，現行の出版メディアは，印刷出版メディア（＝活字メディア）と電子出版メディア（電子書籍，電子雑誌）に分けることができる。

活字メディアは，伝えたい情報や知識の内容が十分に検討され，理性的にわかりやすく網羅的に整理されて提供されるため，受信者は深く内容を理解するために繰り返して読み思考力も養われるという特徴がある。

### (2) 記録メディアの寿命

表1.1はCalmesらによる記録メディアの寿命予測である[9]。紙メディアに限っていえば，適正な使用と保存環境を心がければ数百年の保存がすでに実証されている。大学図書館では1700年代に出版された図書の所蔵はそれほど珍しいものではない。長期保存に関しては紙以上にマイクロフィルムが向いてい

表 1.1　推奨保存条件のもとでのメディアの寿命

| 記録材料 | 寿命（年） | 保存条件 | |
|---|---|---|---|
| | | 温度（度） | 湿度（%） |
| 紙（中性紙） | 250 ～ 700 年 | 20 | 45 |
| 紙（酸性紙） | 中性紙の 1/4 程度 | 上記以下 | 上記以下 |
| マイクロフィルム（PET ベース） | 500 ～ 900 年 | 15 | 30 |
| カラーフィルム | 30 ～ 250 年 | 1.5 | 30 |
| LP レコード | 約 100 年 | 不明 | 不明 |
| 磁気テープ（ビデオテープ，カセットテープ） | 30 年以上 | 18.5 | 40 |
| フロッピーディスク | 20 年以上 | 20 | 40 |
| 光ディスク（CD-R） | 10 ～ 30 年 | 20 | 40 |
| 光ディスク（DVD-ROM） | 約 30 年 | 20 | 40 |

（注）LP レコードの温度と湿度については，Calmes の表に記述がなく不明である。

る。もちろんこれは適正な状況で保存されての寿命であり，「マイクロ資料 30 年でもう劣化」[10] という新聞記事が掲載され，社会問題になったこともある。また，磁気テープやディスクそれらの寿命の長短は，物理的に使用可能であっても，中味へのアクセスに必要なソフトウェアとハードウェア，あるいはフォーマット，ファイル形式の存続に左右されることも否定できない。

記録媒体を選択する要件は，①保存性の高さ，②検索の利便性と速度，③記録密度，④経済性，⑤あらゆる情報（文字や画像）を容易，かつ鮮明に記録でき，⑥頻度の高い利用にも効率的に対応できる，ことなどである。

書物を変色・劣化させ崩壊させる酸性紙問題については，2003 年時点でほぼ 9 割の出版物に中性紙が使用されており[11]，むしろ 1880 ～ 1910 年代，1940 ～ 50 年代の書物の劣化[12] の方が深刻である。その対策が急務であり，劣化や消耗の進んだ資料，劣化が予想される資料（新聞，仙花紙，酸性紙），貴重書，特定コレクションの扱いについては注意を要する。

## 第 2 節　図書館情報資源（図書館資料）の再定義

### 1　図書館，博物館，文書館の資料

ここで再び図書館資料に戻ろう。安藤[13] は，北嶋[14] の論を参考にしながら，情報を「人間の社会的活動のあらゆる産物で，知覚可能なもの」と定義し，次

のような外形で分類している（一部，筆者が付け足している）。復習すると，資料とは，情報を文字などの記号によって記録し，再現したものであり，下記でいう②の記録情報に相当する。

① 非記録情報 —— 記録情報以外の知覚できるすべての情報

a. 会話，講演，放送などのかたちで伝達された情報のように，情報の送り手が受け手に対して伝達した瞬間に消滅し，形として残らない情報

b. 生活情報（衣食住にかかわるあらゆる“もの”（建物・着物・道具など），風俗・習慣，あるいは土地・景観といった環境など）

② 記録情報 —— 一定の物質にシンボルにより記録され，定着化した情報

a. 文献情報（図書・新聞・雑誌・パンフレットなどのメディアのように，主として文字・画像・図形・写真・記号などのシンボルで記録され，印刷・手写・複製などの手段で発表されたもの）

b. 文書資料（文書・メモ・草稿などのように，主に生のデータが記録されたもの）

c. 視聴覚情報（映画フィルム・スライド・レコード・録音テープ・ビデオテープ・CD・DVD・絵画・写真などのように，主として映像・音声などのシンボルで記録されたもの）

安藤は，ここで生活情報を博物館，文書資料を文書館，そして文献情報を扱うのが図書館である，と説明している。一般に，同一物は存在せず，ただ1点しかない現物（オリジナル，ユニーク・コピー）を扱うのが博物館と文書館であり，オリジナルではなく複製を扱うのが図書館である。あるいは，公開を前提として，人間の思想または感情を創造的に表現した作品のうち，実体的・立体的な物（実物，標本，模型など）自体を扱うのが博物館であり，記号で表現される平面的な形態をもった，たとえば「文字」としての書物を取り扱うのが図書館である。一方，思想や感情が入らず，人間の意思決定の結果，「文字」としての記録文書を扱うのが文書館である，というように，いろいろと説明が可能である。

ところで，図書館，博物館，および文書館はその発生の歴史をたどるとそれぞれの起源を同じくする。これらは近代になって機能の分化が進み，個別に発展したため，収集資料の範囲に重複する部分が少なくない。そのため図書館が

集めるべきものを博物館と文書館が集めている場合もあるし，博物館か文書館が集めるべきものでも図書館が集めていることもある。ただし，図書館と博物館・文書館で根本的に違うのは収集物の範囲とその扱いである。

博物館は，歴史，芸術，民俗，産業，自然科学等１つに収集範囲が限定される。また，文書館は，個人，機関，団体による日々の業務執行上で発生する公文書や私文書に収集対象が限定される。博物館と文書館が，設立の趣旨によって収集分野・範囲が，保存の観点から提供範囲が限定されるのに対し，図書館は図書館自身が求めれば，あらゆる分野に対し収集対象を広げていくことができる。また，収集したものを，博物館と文書館は無料で利用者個人に直接貸出しすることはまずない。資料そのものに触れさせたり，外部に持出しを許したり，複製を提供したりしているのは図書館だけである。これは，博物館と文書館の資料がユニーク・コピーであることに起因するが，図書館は大量複製されたものを扱うことから，このようなことが可能なのである。また，図書館は，インターネットを含むあらゆる情報源も提供できる。つまり，図書館は出版物に発表された正確で体系的な知識や情報，およびインターネット等の電子情報を１カ所で提供できる唯一の機関なのである。

## 2　社会で共有されるべき知識

「温故知新」という言葉がある。図書館は，社会的文化的活動の所産である，過去・現在の記録情報を情報資源として体系的に保存・蓄積する。「温故知新」の言葉通り，過去の積み重ねから現在の利用者へ，そして未来の利用者へと，情報資源の偏在を是正しながら，再流通・再循環させ，永続的な価値をもたせながらも提供し，効率的に活用させる。しかし，図書館の資料提供方法は最初から，現在の姿であったわけではない。ある時期まで誰もが自由に使える図書館であったとは言いがたい事実がある。図書館資料が王侯貴族のためのものとして存在した時代もあった。

印刷と出版の本格的な歴史は，1450 年頃のグーテンベルクによる活字とハンドプレスによる印刷術の発明とその産物・初期印刷本（インキュナブラ）に始まる。井上[15]によれば西洋の書物世界の歴史には2つの画期と3つの時期区分が存在する。写本の時代と印刷本の時代を大別する1500年を第一の画期，1800～1830年が第二の画期とする。この二つの画期により，①写本の時代，②印刷本（西洋古版本），③機械生産による大量印刷物の時代，に分けることができる。井上はさらに，図書館と図書（井上の本文では書物）の関係できわめて重要な節目を1800年代初めの機械印刷による書物の量産体制と指摘し，これが読書スタイルにまで変容をもたらし，書物自体も貴族階級の「特権的な知識」を運ぶ器から，「社会で共有されるべき知識」を運ぶメディアへと成長した，と指摘している。オルテガ[16]は1935年のマドリッドIFLA総会で「民主主義は書物の娘である」（“La sociedad democrática es hija del libro”）と述べている。

西洋において，書物が，貴族階級の「特権的な知識」を運ぶ器から，「社会で共有されるべき知識」を運ぶメディアへと成長したように，図書館もまた，王侯貴族のためのものとして存在し，産業革命後の市民社会の成立とともに，民衆のための図書館，市民の社会共有の情報機関として成長してきた。

## 3　ユネスコ公共図書館宣言

1949年のユネスコ公共図書館宣言では，「公共図書館は近代民主主義の産物」であるとし，さらに1994年宣言（改訂）では，公共図書館を，「その利用者にとって，あらゆる種類の知識と情報を容易に利用できる地域社会の情報センターである」と定義し，そのサービスは，「年齢，人種，性別，宗教，国籍，言語，あるいは社会的身分を問わず，すべての人が平等に利用できるという原則に基づいて提供される」としている。つまり，公共図書館とは，無料であることを原則とし，通常のサービスや資料の利用ができない人々，たとえば言語上の少数グループ（マイノリティ），障害者，あるいは入院患者であっても，何人も問わず平等に，その利用者が必要とする情報を提供する機関ということになる。アメリカ図書館協会ALAの1998年年次大会で，フォード上院議員は，「情報を民主主義の通貨とすれば，図書館は情報の銀行である」（If information is currency of democracy, then libraries are its banks.）と例えている。これは，現在

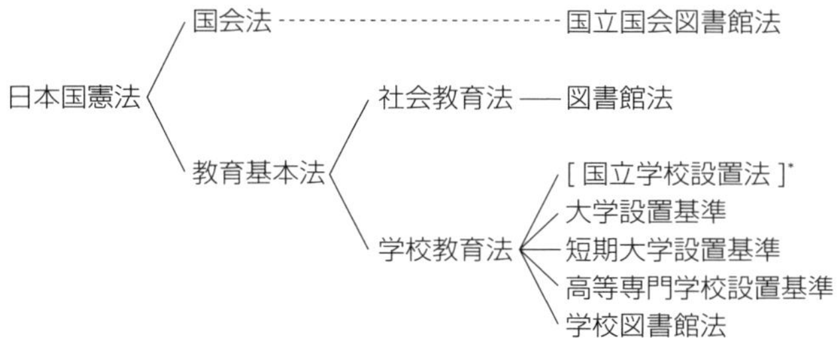


**図 1.1　図書館を支える法体系**

（注）2003 年に成立した後継の「国立大学法人法」には図書館を置く根拠がない

の図書館（とくに，公共図書館）のあるべき姿を端的に表したものといえるだろう。

## 4　法制度から見た日本の図書館

図 1.1 は，日本のそれぞれの図書館種を支える諸法令を構造化したものである。図書館法は主として公共図書館を規定するものであり，すべての図書館種を対象とした法令は存在しない。図書館は図書館種別のそれぞれ異なった法令で規定されている。しかし，それぞれを規定する法令の条文の拠り所をたどっていくと最終的には日本国憲法に行き着くことができ，図書館は日本国憲法の精神に基づいて設置されているのがわかる。つまり，日本国憲法の精神に則ってつくられた図書館は，民主主義の象徴と考えることができる。

東京都の日野市立図書館の利用案内[17]では，「健康保険制度がからだの健康における社会保障であるように，精神や教養面での社会保障が図書館である」と指摘したうえで，「市立図書館は，市民の知的要求を資料の提供という形で支えている，自由で民主的な社会に欠くことのできない機関であります。市民がそれぞれ自らを高め，自由な思考と判断ができるようにならなければ本当の民主的な社会は実現しない。市民がこのような自己形成への道を歩むための資料と情報を提供し，判断の材料を調えるのが図書館」である，と明記している。また，常世田良[18]は，それを補強するように「知識や情報の共有化によって社会を豊かにし，国を強くしていく，そのために公共図書館がある」と説明している。しっかりした知識に基づいて理性的な判断を下す市民（いわゆる「見識ある市民」）によって民主主義は支えられ，市民は自分自身で調べ物をしたりして必要な知識を得る，あるいは自分の直面している問題を，知識を使って解決してゆくのである。

## 5　ランガナタンの五法則

ランガナタンは，自らの図書館活動を通じて「図書館学の五法則」を導き出した。ランカスターの著作『図書館サービスの評価』のなかに，その法則を遵守しない大学図書館を揶揄する「ラインの逆法則」[19]というべきものが紹介されている（表1.2）。ラインの指摘は，残念ながら日本の多くの大学図書館にも当てはまる。「集められた文献資料が研究者や教員の個々の研究室にしまい込まれる例が多く，大学図書館やその分館が学部学生の学習を助ける十分な道具として役立っていない」と，矢野[20]が指摘するように，それらはしばしば大学および大学図書館の閉鎖性，知の囲い込みという言葉で表されてきた。また，第2次世界大戦後に「無料と公開」の原則に基づいて再出発した日本の公共図書館にもまたこの法則が当てはまった時期があった。

1960年代の公共図書館は，図書館資料の収集・組織・保存を図書館の使命とし，提供は二義的なものであった。1963年に，「公共図書館の本質的な機能は，資料を求めるあらゆる人々やグループに対し，効果的にかつ無料で資料を提供するとともに，住民の資料要求を増大させるのが目的である」という言葉が示す『中小都市における公共図書館の運営』[21]（通称：「中小レポート」）の刊行，それを忠実に実行した日野市立図書館の実践，そして，①館外貸出サービスの

**表1.2　ランガナタンとラインによる図書館学の5法則**

| | ランガナタン（S. R. Ranganathan） | ライン（M. B Line） |
|---|---|---|
| 第一法則 | 図書は利用するためのものである | 図書は収集（[保存]）するためにある |
| 第二法則 | すべての人に求める図書を | 一部の利用者に求める図書を |
| 第三法則 | いずれの図書にもすべて読者を | 一部の図書をその利用者に |
| 第四法則 | 図書館利用者の時間を節約せよ | 図書館利用者の時間を浪費せよ |
| 第五法則 | 図書館は成長する有機体である | 図書館は成長する巨大な墓である |

充実，②児童を対象としたサービスの発展，③中央館，分館，移動図書館からなる全域サービス，の3点を軸にした『市民の図書館』[22]（1970）の刊行とその実践により，現在の姿に発展させてきた。また，大学図書館も旧来の図書館から，その知的な成果を広く社会と共有できるようにすることが社会的責任として強く求められており，地域貢献や情報公開を通じて変わりつつある。今世紀に入って，公共図書館には地域の情報基盤[23]として，大学図書館には学術情報の流通基盤[24]としての役割が与えられている。

## 6　図書館資料の条件

図書館は，大別して国立図書館，学校図書館，公共図書館，大学図書館，専門図書館に分けることができる。公共図書館は，地方自治体が設置する公立図書館と日本赤十字または民法第34条でいう公益法人が設置する私立図書館から成る。図書館資料（図書館情報資源）とは，これらの図書館に保管された単なる資料のことをいうのではない。ここで専門図書館を除く各館種を規定する法規から図書館資料の部分を抜き出してみることにしよう。

- 国立図書館（国立国会図書館法）〈サービス対象者：国会議員，日本国民〉

  「図書及びその他の図書館資料を蒐集し国会議員の職務の遂行に資するとともに，行政及び司法の各部門に対し，更に日本国民に対し，この法律に規定する図書館奉仕を提供することを目的とする」

- 公共図書館（図書館法）〈サービス対象者：自治体住民（児童から成人まで）〉

  「図書，記録その他必要な資料を収集し，整理，保存して，一般公衆の利用に供し，その教養，調査研究，レクリエーション等に資することを目的とする」

  「郷土資料，地方行政資料，美術品，レコード，フィルムの収集にも十分留意して，図書，記録，視覚聴覚教育の資料その他必要な資料を収集し，一般公衆の利用に供すること」

- 学校図書館（学校図書館法）〈サービス対象者：教員，児童，生徒〉

  「……図書，視聴覚教育の資料その他学校教育に必要な資料を収集し，整理し，及び保存し，これを児童または生徒及び教員の利用に供す……」

• 大学図書館（大学設置基準）〈利用対象者：教職員，研究者，学生〉

「……学部の種類，規模等に応じ，図書，学術雑誌，視聴覚資料その他の教育研究上必要な資料を系統的に備える……」

「図書館は……資料の収集，整理及び提供を行う……」

気づくのは，「ある目的」を遂行するために必要な資料というのがまず先にあり，それを収集・整理・保存・提供するために図書館情報資源（図書館資料）があるということである。ある目的とは，国立国会図書館では，「国会議員の職務の遂行に資すること」，「行政及び司法の各部門の職務の遂行に資すること」，および「日本国民への図書館奉仕」であり，公共図書館では，「一般公衆の利用」と「一般公衆の教養，調査研究，レクリエーション等」であり，学校図書館では「教育」であり，大学図書館では「教育研究」である。

また，お気づきのように収集・整理・保存・提供がほぼ1セットになっているのが特徴である。たとえば，図書館法（第2条）では，「図書館資料を……収集し，整理し，保存して……利用に供し……」と規定がある。つまり，収集できても，「整理，保存，提供」のどれかができなければ図書館資料（図書館情報資源）の資格がないことになる。逆にいえば，「収集，整理，保存，提供」がすべてできさえすれば，それは図書館資料（図書館情報資源）の資格をもつということである。

ここで，図書館情報資源（図書館資料）をあらためて再定義する。図書館情報資源とは，図書館のある目的を遂行する図書館活動の材料として，収集，整理，保存され，利用対象者の要求に応じて提供される，人間の知的生産物である記録された知識や情報である。

## 第3節　図書館情報資源の類型

### 1　日本目録規則に見る図書館資料（図書館情報資源）

図書館資料（図書館情報資源）の条件は，収集されるだけでなく整理方法や保存方法も確立されていることである。ここでは整理方法に着目してみることにしたい。図書館でいう整理とは，図書の書誌記録を行う目録記入と，主題内容を表す分類・件名付与の作業のことである。日本では，目録作業のために『日本目録規則』(NCR)，「その国の知的資源」[25]と「その時代の知識総体」[26]の分類付与作業のために『日本十進分類法』(NDC)，件名付与作業のために『基本件名標目表』(BSH) などが準備されている。図書館資料の整理方法（目録）を規定しているのは，『日本目録規則』である。2006年に出版された同規則（1987年版改訂3版）で，整理方法が提示されている資料は次の通りである。つまり，これらが図書館資料としての実績があるものといって差し支えない。

図書，書写資料，地図資料，楽譜，録音資料，映像資料，静止画資料，
電子資料，博物資料，点字資料，マイクロ資料，継続資料

図書や楽譜のようにふだんから馴染みのあるものもあれば，マイクロ資料や継続資料のようにはじめて聞く言葉もあるのではないだろうか。図書館資料の「資料」という言葉はテキスト系メディア，主に印刷メディアの図書や雑誌（上記ではどれに属するだろうか）を連想するかもしれないが，映像メディアや音声メディアなども含まれており，資料の範囲は多様化している。

## 2　出版物の類型

図書館資料と出版行為で産出される出版物（出版メディア）の関係は深い。出版メディア＝図書館資料ではないが，そこから選ばれることも少なくない。本章では出版物の種類などを明らかにし，次章で各図書館資料の説明を行うこととする。

『出版事典』[27]によれば，出版物とは「出版の目的を達するために出版の歴史の中核をなし，時代とともに進化してきた道具。紙その他の資材に印刷して一定の形態にまとめられて発行されるもの」である。広義には，印刷メディアのうち，新聞・雑誌などの定期刊行物，図書（書籍），パンフレット，地図その他の図形を含み，狭義には新聞を除外して，書籍・雑誌の類のみを意味するのが通例となっている。ビデオやCD等の視聴覚メディアを出版物にいれるかどうかは意見が分かれるようだ。「出版物」という名称は出版流通の段階，図書

館資料になった時点で「資料」ということが多いようである。

### (1) 出版市場による分類

日本には3つの出版市場がある。① 図書（書籍）と雑誌からなる紙出版物の市場，② 雑誌スタイルのコミック誌と単行本のコミックからなる漫画出版物の市場，③ すでに23万点の刊行点数[28)]がある650億円の市場規模をもつ電子書籍と61億円の電子雑誌の市場[29)]，である。2010年の出版物全体における漫画出版物全体の販売金額占有率は21.8%，販売部数占有率は35.8%を占めている[30)]。市場のシェアから判断する限りでは，漫画は図書館資料としては無視できない存在となっている。

### (2) 生産源による分類

流通形態や出版者から，出版物は① 官公庁資料，② 民間出版物，の2つに分類できる。官公庁出版物には，国の機関を生産源とする官庁出版物と地方公共団体の諸機関によって作成される地方行政出版物がある。官公庁資料は，大きく行政資料，司法資料，立法資料に分けることができる。一方，民間出版物は出版を事業目的とした企業としての出版社による商業出版物と，そうではなく大学，出版専業ではない企業，同人サークル，個人などの出版者による非商業出版物に区分でき，さらに商業出版物の図書（書籍）は，日本図書コードを用いると，販売対象で9種類（①一般，②教養，③実用，④専門，⑤婦人，⑥学参Ⅰ（小中），⑦学参Ⅱ（高校），⑧児童，⑨雑誌扱い），販売形態で10種類（①単行本，②文庫，③新書，④全集・双書，⑤ムック・その他，⑥事典・辞典，⑦図鑑，⑧絵本，⑨磁性媒体，⑩コミック）に分類することができる。

### (3) 生産源の地域性による分類

東京都23区以外の住所の出版社を地方出版社と呼び，それらによる出版物を地方出版物，なかでもその地方に特化した出版物を郷土出版物と呼ぶことがある。

### (4) 大きさによる分類

紙の寸法にA列，B列の規格があり，書籍には規格判と規格外のものがある。出版物には大きさが内容を決めるあるいは内容が大きさを決める側面がある。代表的なものをあげれば，A6判（文庫），A5判（専門書，雑誌『文藝春秋』『小説新潮』），A4判（雑誌『ニュートン』『日経サイエンス』，官公庁資料），B6判（小説などの単行本，雑誌『会社四季報』『PHP』），B5判（『少年サンデー』『週刊現代』などの週刊誌），B40判（新書），B20変形判（児童書），A4変形判（雑誌『Saita』『With』，分冊百科事典シリーズ），AB判（女性週刊誌）となる。また，A4判より大きな図書で，通常の図書と同じように配架するのが難しい図書を大型本といい，葉書の半分以下のサイズの本を豆本と呼ぶこともある。実際に図書館に行って確認してほしい。

判型の変更は書架の棚の高さに影響を与える。1993年に官公庁の書類サイズがB5判からA4判に統一され，それは民間にも及んだ。たった4～5cmの違いが，書架全体の棚段数の減少を招き，最終的には図書館全体の収容能力にも影響を与える。

### (5) 刊行形式による分類

出版物には一度だけの情報提供で終了するものと継続出版されるものの2つがある（図1.2）[31]。書籍（図書）は通常1回限りの情報提供を行う出版物の代表例であり単行書と呼ぶこともある。単行書は1冊もしくは2冊以上で完結するものであり，単行本は他との関連なしにその1冊だけが独立して出版された書籍をいう。継続出版物には，終期を予定せずに一定のテーマのもとに刊行され続ける逐次刊行物と，完結を予定したシリーズ（図1.2では講座，叢書，分冊刊行の百科事典など。これらは図書扱い）がある。逐次刊行物のうち，日刊，週刊，月刊のような決まった刊行頻度（表1.3）のあるものを定期刊行物（代表例は雑誌や新聞である），決まった刊行頻度のないものを不定期刊行物と呼ぶ。

- [A] 継続的著作
  - (I)〈完結を予定しないもの〉：逐次刊行物
    - ① 定期刊行物
    - ② 不定期刊行物
  - (II)〈完結を予定するもの〉
    - ① 各巻が独立した著作物：講座，叢書，全集類の大部分
    - ② 各巻が独立していないもの：分冊刊行の百科事典など
- [B] 一回的著作 ≒ 単行書
  - (I)〈一括同時刊行の分冊もの〉
  - (II)〈1 冊もの〉

図 1.2　著作物の区分

表 1.3　定期刊行物の刊行頻度

| 頻　度 | 英文名 | 1 年の最大発行回数 | 頻　度 | 英文名 | 1 年の最大発行回数 |
|---|---|---|---|---|---|
| 日刊 | (daily) | 365 回 | 隔月刊 | (bimonthly) | 6 回 |
| 週刊 | (weekly) | 52 回 | 季刊 | (quarterly) | 4 回 |
| 旬刊 | (decadly) | 36 回 | 半年刊 | (semiannual) | 2 回 |
| 隔週刊 | (biweekly) | 26 回 | 年刊 | (annual) | 1 回 |
| 半月刊 | (semimonthly) | 24 回 | 隔年刊 | (biannual) | 2 年に 1 回 |
| 月刊 | (monthly) | 12 回 | | | |

## 3　記録手段，記録形態による分類

メディアに用いられる材料は，紙，フィルム，布，金属，ビニール，プラスチック，磁気媒体，光ディスクとさまざまである。紙メディアと電子メディアを中心に考えるのが主流になりつつある。

紙メディアへの記録を主体に考えると，印刷資料と非印刷資料の 2 つに大別することができる。印刷資料には，図書，雑誌，新聞，パンフレット，リーフレット，などが入る。一方，非印刷資料には，手稿，マイクロ資料，視聴覚資料，電子資料，等を含めることができる。また，両者の範疇に入らない点字資料と録音資料がある。印刷の場合，使用される材料はインク，墨，顔料などとさまざまである。装丁材料も紙のほか，布，革，金属などと多様である。メディアへの書き込み（記録）は手作業ではなく機械や機器によるものが多く，記録された紙以外のメディアを再生・再現するのになんらかの機器・装置が必要とさ

れるものがある（例：CDに対するCDプレイヤー）。非印刷の場合の紙メディア（手稿など）への記録は手書きが主となる。

電子メディアへの記録を主体に考えると，電子資料と非電子資料の２つに大別することができる。電子資料には，磁気テープ，磁気ディスク，光ディスク，などが入る。一方，非電子資料には，紙メディアに印刷された図書や雑誌などの印刷資料，レコード，カセットテープ，およびマイクロ資料などの非印刷資料，などが入る。

記録形態から考えた場合は，図書，逐次刊行物，および文書（記録）からなる図書資料と，それ以外の非図書資料の２つに大別することができる。非図書資料には，マイクロ資料，電子資料，特殊資料（点字資料，地図資料，楽譜など）が入る。

## 4　機能による分類

佐野眞一[32)]によれば，「本には“読む”機能と“引く”機能がある」という。読む機能とはふつうに本を通読する機能であり，読み飛ばしたり，折ったり，線を引いたりすることもできる。「引く機能」とは辞書や百科事典のような調べる機能，あるいは書誌，目録，索引のような探すための機能である。これらの機能は図書だけでなく，新聞や雑誌等の資料にもある。図書館用語的にいえば，読む機能をもつ資料は一次資料であり，引く機能をもつ資料は二次資料である。

一次資料とは知識，情報などを他の人に伝達するために，紙，写真，フィルム，磁気テープ，電子媒体などにオリジナルな情報を記載した資料であり，一次文献，一次刊行物，一次情報などともいう。一方，二次資料あるいは二次情報とは一次資料に到達する手がかりとなる資料をいう。引く機能をもつ二次資料は，通読が不要で，ある部分・箇所のみを引き出せばよい，ということからコンピュータとの相性がよく，電子化されていることが多い。これらについては，第４章で詳述することとする。

## 5　公開・非公開による分類

資料（文書）は，公開されているか否かという観点からも分けることができる。国家機密文書，極秘・機密・社外秘のように，公開の規制を受けている内部資料（black），誰にでも入手方法が明らかにされている，正規の流通経路で公開された資料（white）があり，その中間（gray）の資料を「灰色文献」と呼ぶ。つまり灰色文献とは，公開されたにもかかわらず書誌情報が不明確で，入手方法が不明な資料をいう。政府や公的機関，民間研究機関，学会等が作成した非売品の報告書，会議録，資料など配布先が限定されたものである。これらが確実に入手できれば，それらを土台とした次の生産活動を効率的に高めることができる。

## 6　著作権の観点からの分類

資料は記録物を意味するが，著作物は表現された内容を意味し，「資料＝著作物」ではない。記録されていない口頭の講演などの内容も著作物である。

著作物とは，著作権法第２条１項１号において，「思想又は感情を創作的に表現したものであって，文芸，学術，美術及び音楽の範囲に属するものをいう」と定義されている。具体的には，小説，論文，脚本，歌詞，楽曲，振り付け，地図，絵画，写真，設計図，映画，データベース，コンピュータ・プログラムが含まれる。また，これらの種類に入らなくても，先の定義に合致するような場合は，すべて著作物になる。

著作物とならないものは，①人口，標高，人名，固有名詞等（思想・感情でないため），②誰がやっても同じ結果になるもの，復刻版等（創作的でないため）。絵画等の複製写真も著作物ではない。③単なるアイデア・構想等（表現されていないため），④机，食器，自動車，機械等の工業製品等（文芸，学術，美術，音楽以外のものであるため），である。著作権の対象外の著作物には，憲法その他の法律，告示，通達，裁判所の判決等があり，これらはこの権利の目的となることができない。

## 7 『日本全国書誌』による分類

納本制度により日本の出版物すべてを収集・保存する使命をもつ国立国会図書館（NDL）では出版物を生産の形態により，7種類（①図書，②逐次刊行物，③視覚障害者用資料，④電子出版物，⑤地図，⑥音楽録音・映像資料，⑦国内刊行アジア言語資料）に分けている。

図書は，5種類（①一般図書，②児童図書，③国内刊行欧文図書，④その他の図書，⑤非図書資料）に区別され，さらにそのなかの①一般図書は流通形態や出版者から民間出版物と官公庁出版物に，⑤非図書資料は図書の内容をメディア変換したマイクロフィルム，録音資料と静止画，紙芝居などで分類されている。

## 8 学術的観点による分類

普段の生活で利用する情報を一般情報とすれば，学問で利用する情報は学術情報（専門情報）ということができる。学問には，教育機能と研究機能があると考えられる。そこから転じて学術情報には，教育機能を果たすための資料（教育資料・情報）と研究機能を果たすための資料（研究資料・情報）がある，と考えられる。

教育資料には，教科書，参考書，技法などの教材として使用される図書，あるいは調べ物に使用される辞書，事典，便覧，年鑑，などの参考図書，副教材として使用される一般大衆への知識の普及と理解を深めるための教養書，啓蒙書などである。一方，研究資料とは，一言でいえば，「研究者・専門家の（扱う），研究者による，研究者のための資料」である。「研究者による資料」とは研究者個人の研究成果が発表された資料であり，「研究者のための資料」とは研究者によって産出された研究成果が掲載され，他の研究者によって利用される資料のことである。教育資料には，研究成果のなかで評価が定まった情報・知識（定説）のみ収録される。また，研究機能の進展具合によって，その時点で定説であっても新発見によりどんどん修正が加えられていく。いわば，研究資料を圧縮し，再編集したものが教育資料であり，学生や一般大衆が「専門情報を理解するための資料」「研究者・専門家になるための資料」である。

■注 ──

1）日本図書館情報学会用語辞典編集委員会編『図書館情報学用語辞典（3版）』丸善，2007，p.286
2）図書館用語辞典編集委員会編『最新図書館用語大辞典』柏書房，2004, 643p.
3）松井博「情報の本質」丸山昭二郎ほか編『情報アクセスのすべて（増補改訂版）』日本図書館協会，1992, pp.2-3
4）戸田光昭「研究のための情報：研究情報の特性，対象ならびに収集法」『情報の科学と技術』Vol.48, No.4, 1998, p.214
5）松井，前掲書，pp.2-3
6）経済企画庁国民生活局編『情報社会と国民生活』大蔵省印刷局，1983, pp.3-4
7）小野厚夫「情報という言葉を尋ねて」『情報処理』2005, Vol.46, No.4-6. 3回連載。
8）富田正文編『福澤諭吉集』（明治文学全集8）筑摩書房，1966, pp.59-60
9）Calmes, A., New confidence in microfilm, *Library journal*, Vol.111, No.15, 1986, pp.38-42
『防ぐ技術・治す技術：紙資料保存マニュアル』日本図書館協会，2005, p.102
10）「マイクロ資料30年でもう劣化」『朝日新聞』夕刊，1993年12月27日，p.1
11）収集部資料保存課「中性紙使用率が9割に！第17回新刊資料pH調査結果報告」『国立国会図書館月報』519号，2004, pp.14-19
12）安田智子「価値ある資料を未来に「のこす」という誇り」『専門図書館』No.211, 2005, pp.14-20
13）巌礼吉「国立国会図書館の資料の劣化状況：実態調査報告」『図書館雑誌』Vol.78, No.7, 1984, pp.428-430
大藤修・安藤正人『史料保存と文書館学』吉川弘文館，1986, pp.5-7
14）北嶋武彦編『情報提供論』雄山閣出版，1983, pp.14-15
15）井上真琴「新たなる「知の集積回路」を求めて」『季刊本とコンピュータ』2期16号，2005, pp.143-148
16）Ortega y Gasset, J., *Misión del bibliotecario*, 2a ed. Revista de Occidente, 1967, p.76
17）『くらしのなかに図書館を：日野市立図書館利用案内』日野市立図書館，[n.d.]，1冊
18）常世田良「創造と可能性：図書館は，なんのためにあるのか」『月刊MOKU』，2002.10, pp.70-79
19）ランカスター（中村倫子・三輪眞木子訳）『図書館サービスの評価』丸善，1991, pp.10-17
20）OECD調査団（文部省訳；矢野暢解説）『日本の社会科学を批判する：OECD調査団報告』講談社，1980, p.42
21）『中小都市における公共図書館の運営：中小公共図書館運営基準委員会報告』日本図書館協会，1963, 217p.
22）日本図書館協会編『市民の図書館』日本図書館協会，1970, 151p.
23）『2005年の図書館像：地域電子図書館の実現に向けて：報告』［文部省地域電子図書館構

想検討協力者会議］，2000,『これからの図書館像：地域を支える情報拠点をめざして（報告)』これからの図書館像の在り方検討協力者会議，2006
24）科学技術・学術審議会『学術情報の流通基盤の充実について（審議のまとめ)』(平成14年3月12日)「大学図書館が中心となって……情報発信のためのシステムの設計・構築を行う」
25）もり・きよし原編（日本図書館協会分類委員会改訂）『日本十進分類法（新訂8版)』日本図書館協会，1978, p.5（はしがき）
26）もり・きよし原編（日本図書館協会分類委員会改訂）『日本十進分類法（新訂9版)』日本図書館協会，1995, p.i（はしがき）
27）布川角左衛門ほか編『出版事典』出版ニュース社，1971, p.660
28)「『電子書籍ビジネス調査報告書2011から』『出版ニュース』2011年8月上旬号，pp.6-10
29)『出版指標年報』(2011) 全国出版協会出版科学研究所，2011, p.299
30)『出版指標年報』前掲書，p.217
31）古賀節子ほか『図書館資料論』(図書館学シリーズ2) 樹村房，1983, p.86
32）佐野眞一「新しい価値が創造できなければ電子書籍の普及は難しいだろう」『電子ペーパー・電子書籍ルネサンス』〈http://premium.nikkeibp.co.jp/ebook/〉［Last accessed: 2011.12.31］

## 考えてみよう・調べてみよう

1.「図書館の自由に関する宣言」と「ユネスコ公共図書館宣言　1994年」(「読書案内」参照）から資料に関する部分を抽出し，その部分についてみんなで話し合ってみよう。
2. 図書館以外に図書を収集して提供している施設として身近にはどのようなものがあるかを調べてみよう。また，それが何に，どのように役立っているかも考えてみよう。

## 読書案内

日本図書館協会編『市民の図書館（増補)』日本図書館協会，1976年
「図書館の自由に関する宣言」(1954年採択，1979年改訂）
〈http://www.jla.or.jp/ibrary/gudeline/tabid/232/Default.aspx〉
「ユネスコ公共図書館宣言　1994年」(1994年11月採択）
〈http://www.jla.or.jp/library/gudeline//tabid/237/Default.aspx〉
日本図書館協会図書館政策特別委員会編『公立図書館の任務と目標：解説（改訂版増補)』日本図書館協会，2009年
日本図書館協会図書館ハンドブック編集委員会『図書館ハンドブック（第6版補訂版)』日本図書館協会，2010年

## 第2章

# 図書館情報資源各論―図書，非図書資料，継続資料

本章では，図書館情報資源（図書館資料）の資格をもつ資料を国立国会図書館（NDL）の『日本全国書誌』の編纂実施方法の分類[1)]を参考に「図書館資料」を，主として記録形態別に，図書，非図書資料，継続資料の3つに分類して説明を行っていく。図書以外の資料，継続資料や電子資料にも当然ながら，官公庁出版物と民間出版物が存在する。また，マイクロ資料と電子資料には，メディアが異なるだけで，紙の図書や雑誌とまったく内容が同じものが存在することもある。

①図　書

a. 一般図書（官公庁出版物，民間出版物）b. 児童図書　c. 地域資料

d. その他の資料（リーフレットとパンフレット，書写資料，博物資料）

②非図書資料

a. 地図資料（一枚もの）　b. 楽譜　c. 静止画資料　d. 博物資料

e. 録音資料　f. 映像資料　g. マイクロ資料　h. 障害者用資料

i. 電子資料（パッケージ系，ネットワーク系）

非図書資料は，別名を視聴覚資料と呼ぶ。視聴覚資料とは，画像・映像・音声など，文字以外の表現方法で主に記録された資料をいう。ここでいうネットワーク電子資料（ネットワーク情報資源）については次章で詳述する。

③継続資料（逐次刊行物と更新資料）

## 第1節　資料各論 —— 図書

各論に入る前に，ここで主に紙で構成される資料（図書，地図資料，静止画資料の一部，ファイル資料など）の構造と関係を述べておく。紙資料には横に広げて読み，あるいは鑑賞することを目的とした1枚の平らな形になるような地図，図面，ポスター，ビラ，チラシ等の一枚ものがある。経典や習字の手本のように1枚の細長い紙や布を1つの軸に巻きつけた本を「巻物」（巻子本）と呼び，細長い本を一定幅で蛇腹状に折りたたんだものを「折本」という。折本は，巻本の開閉の不便さを改良したものである。

ユネスコでは，1回折りたたんだ1枚の小さな紙葉に印刷し，かがったり製本したりしていない2ないし4ページの刊行物を「リーフレット」といい，表紙を除き，5ページ以上48ページ以下の，完結した製本していない非定期刊行物を「パンフレット」（小冊子）という。そして，うらおもての表紙を除き，49ページ以上の印刷された非定期刊行物を図書と定義しているが，法的拘束力があるわけではない。

### 1　図　書

図書とは，『最新図書館用語大辞典』によれば，「思想・知識・感情・情報などを他の人に伝達するため，紙などに筆写，または印刷し，一定の厚さに製本したもの」である。

図書は，書籍・書物の別称である（出版流通段階では書籍を使い，図書館の蔵書となった時点で図書と使い分けることもある）。図書の構成は，表紙（Cover），背（Back spine），標題紙（Title Page），目次（Contents），本文（Body），参考文献（Reference），索引（Index），奥付（Colophon）から成る。目次は内容を記載順序通りに示した一覧であり，索引は，内容の記載順序に関係なく見出し語を50音順，ABC順に組みなおして引きやすくした一覧である。

### ⑴ 発行国と言語による区別

日本語で書かれ，日本で刊行された図書を和書と呼ぶ。中国人によって中国語で著述または編纂された図書を漢籍という。漢籍には，和刻本と呼ばれる中国で出版された本を日本で彫りなおし，返り点や送り仮名等を付与した書物も含まれる。日本，中国大陸と台湾，朝鮮半島で発行された主に漢字を用いた書物を和漢書（日本目録規則では「和資料」）と呼び，それ以外の外国の欧文図書を洋書（日本目録規則では「洋資料」）と呼ぶ。ただし，書かれた言語から，単に日本語図書，中国語図書，英語図書というように対象言語名に「図書」をつけて呼ぶこともある。また，東南アジア諸語，アラビア語，ペルシア語などの図書を和書に入れるか，洋書に入れるかは各図書館の判断による。

### ⑵ 製本，装丁，時代からの分類

製本とは，印刷物，原稿などを綴じ合わせて1冊の書物にまとめることである。装丁とは，製本の仕上げとして，書物の表紙，扉，カバー（ダストジャケット）などの体裁を整えることである。製本された図書（と雑誌）は，主に洋装本と和装本に分けることができる。和装本（和本とも）は，主として和紙を主体とした和漢書の中で中国の系列をひく日本の製本様式の書物のことをいう。一方，洋装本（洋本とも）は，ヨーロッパの伝統的な装丁と製紙法（洋紙）による書物のことをいう。装丁には，糊を使う装丁（糊装）と糸を用いる装丁（線装）がある。①糊装には，巻子本，折本，旋風葉，粘葉装（胡蝶装，粘蝶装とも）があり，②線装には，大和綴じ，袋綴じ（線装本）がある。現在，出版される図書の大半は洋装本である。

日本の明治維新（1868年）前に出版された書物（国書あるいは和古書ともいう）の大半は和綴じされた和装本であった。和綴じの代表例は和紙を袋綴じにしたものである。和装本には，辛亥革命（1911年）以前に中国もしくは台湾の伝統的な装丁と製紙法を用いて刊行された書物である唐本（時代によっては宋刊本，元刊本，明刊本，清刊本），1945年以前の朝鮮半島で刊行された書物である朝鮮本または韓本，同じくベトナムで刊行された書物である安南本，を含めることもある。これらの共通点は多くが袋綴じで装丁されていることだろうか。和装本と洋装本の各部位（小口，見返し，花布など）を調べておこう。

出版される図書の大半は洋装本であるのは前述した通りだが，図書を外見だけ，表紙の装丁の材質だけで区別すると，表紙（カバー）が堅いものをハードカバー，柔らかい表紙のものをソフトカバーと呼ぶ。なお，ペーパーバックスという場合は，一般読者向けの廉価本の意味があり，文庫・新書判のソフトカバーをさす。

保存に関していえば，和装本は洋装本に比べて強度が弱いことから，和装本だけで一箇所に集められ，水平に積み重ねられて配架される傾向にある。和装本は湿気に弱く，また虫害やカビ害に対してとくに注意が必要である。また，利用の劣化の面から，ソフトカバーも保存には不向きである。

## 2　種別による分類

### (1) 一般図書（官公庁出版物，民間出版物）

**官公庁出版物**　官公庁出版物（官公庁資料）とは，官庁出版物（官庁資料）と地方行政資料からなる。官庁出版物とは，立法・行政・司法の国の諸機関が公に刊行した出版物をいい，そのなかで市場流通するものを政府刊行物という。地方行政資料とは，地方公共団体（都道府県・市町村等）が作成する資料をいう。官公庁出版物の「公」は，地方公共団体あるいは公団・公社の一文字である。これらは，第9章「学術情報資源」の社会科学分野において重要な研究資料となる。

官公庁出版物は形態的には図書，雑誌，パンフレットなどである。官庁出版物には，官報，法令関係資料，白書類，公報宣伝，業務報告，統計，会議録などが，地方行政資料には，例規集，予算・決算書，公報，要覧，広報，研究所報告書などがある。両者とも市販される場合と非買品の場合があり，市販されるものは，官庁出版物は政府刊行物サービスセンター，地方行政資料は行政資料センターで購入できるが，非買品の場合は小部数で入手しにくい場合もある。

官公庁出版物は，国・政府や地方自治体の方針や動向を知るための貴重な資料である。しかし，政府や自治体が，国民あるいは，住民すべてに情報を伝えたいにもかかわらず，結局は「一方的」な提供に終わってしまったケースも少なくない。知る権利を保障する機関である図書館はどうすべきであろうか。

ところで，官公庁出版物にはインターネットのみに公開されるものがあり，紙の出版物の消滅は案外この官公庁出版物から始まっているのかもしれない。しかし，インターネットへの掲載期間は公表後３年間となっており，保存についての問題も出てきている[2)]。

**民間出版物**　先述したように，民間出版物は商業出版物と非商業出版物に分けることができる。非商業出版物（非営利出版物とも）には，自費出版物，社内報，会社・学校案内，社史，学校史，展示会図録・カタログ，故人の追悼録（文集，遺稿集など）がある。これらは小部数のため入手しにくいのが難点である。一方，商業出版物は出版流通段階で販売対象と販売形態で区分できる。実用書，教養書，専門書，ムックについては説明しておこう。

実用書とは，日常生活に必要な技術，技能，知識，要領などについて実際にすぐに理解できるように平易に書かれた入門書の類のことである。教養書とは，教養を高めることができるように，特定主題の知識や技術を解説したものである。専門書とは，社会科学，自然科学，工学・産業などの特定科目を学術専門的に編集した図書で，専門家や学生などを対象として刊行され，発行元の主要出版社もほぼ決まっている。比較的限定された客層客数のため，商品は高価格の傾向がある。また多品種少量生産のジャンルである[3)]。ムックとは，雑誌（magazine）と図書（book）の合成語で，雑誌ふうの図書，あるいは図書ふうの雑誌のことである。近年，書籍と雑誌の区別が曖昧になっており，ノンマガジンやノンブックと呼ばれるものも出てきている。

### ⑵ 児童図書

児童図書とは，子どもを対象にして出版された図書のことで，児童書ともいう。出版界で児童図書という場合，ものを認識し始める１歳を過ぎたばかりの乳児が見る赤ちゃん絵本から中学生向きの読み物等にいたるまでを含む。児童図書はその内容で分けると，絵本，昔話，創作文学，自然科学，伝記，歴史，地理，図鑑，事典，辞典，工作，料理やスポーツ・趣味等に関するものとさまざまである。なお，中学生と高校生のための本や役立つ本を，児童図書から一般書への橋渡し的意味合いで，「ヤングアダルト図書」と呼んでいる。図書館内では，これらの資料は専用フロア，書架を設けて配架される。

### (3) 地域資料

地域資料とは，特定の地域で刊行あるいは生産され，また，その地域に関して記述されている資料である。地域資料は，郷土資料と先述した地方行政資料からなる。郷土資料と呼ばれるものには，商業出版物の一形態で東京特別区以外の地方出版社刊行による地方出版物を含み，郷土関係者の著作，郷土で発行された図書，新聞，雑誌，産業資料，文化行事のプログラム，郷土に関する地誌，歴史，伝記，文学作品，また，文書，金文石，写真，フィルム，テープ，さらに出土した考古学資料，化石や生物標本などのいわゆる博物資料（後述）などに及ぶ。

図書館法第3条1号「郷土資料，地方行政資料……の収集にも十分留意して……」とあるように，とくに地域の専門図書館的機能を有する公共図書館が積極的に収集すべき資料であるとともに，内容付文献リスト，件名索引などをつくり，専用コーナーを設けるなどして利用に供するとともに，レファレンスに活用できるようにすべきである。

### (4) その他の資料

**リーフレットとパンフレット**　両者の定義は前述した通りだが，リーフレットは案内書や宣伝用のチラシなどに多く使われる。パンフレットは知識，思想，情報を他の人に伝達するためのページ数の少ない冊子体印刷物で小冊子ともいう。ユネスコの48ページ以下の定義はあくまで便宜上のものだが，美術展示会図録に関しては，著作権法第47条で小冊子扱いとなっている（これは書店では頒布されない）。

図書館の運用面からいえば，両者はファイル資料の一種である。ファイル資料とは，リーフレット，パンフレット，新聞の切抜き等を，一定の主題のもとに収集し，ファイリングキャビネットまたはオープンファイル方式によりファイルした資料のことをいう。種類にはパンフレット，リーフレットのほかに，雑誌や新聞記事を切り抜いたクリッピングがある。オープンファイル方式とはパンフレットボックス，フォルダーに納め並べることである。公共図書館では，地域・郷土関係資料の整理や，公報，新聞，地元ミニコミ誌などの配架に使われている。

**書写資料**　その名の通り，写本・手稿など，手書きで作成された資料をいう。写本とは，手書き，またはタイプライターによって書かれた本で，印刷して本にする意思のある原稿を「稿本」といい，印刷して本にする意思のない日記や手紙は,「文書」もしくは「記録」と呼んで，区別される。手書きの本を「写本」，印刷した本を「刊本」という。

編著者自筆のものは自筆本または自筆稿本といい，自筆本からの転写または再転写したものを転写本という。転写本には原本の文書だけを写して筆跡までは模さない謄写本と，筆跡までも原本通りに写した模写本がある。手稿とは，著者自らが書いた原稿，自筆稿本のことをいう。

**図書館自館作成資料**　現在，図書館は多くの市販の書誌や索引を利用しているが，自館でつくらねばならない資料もある。蔵書目録，地域や地方自治に関する新聞記事，関係雑誌の目次をまとめた冊子・索引・リスト，自館レファレンス回答集，関係団体・機関リスト，利用者が文献を調べたり調査を進めたりできるようにするための手引き（パスファインダー）などである。つまり情報に図書館独自の付加価値をつけるのである。これは次章で述べる発信型情報サービスの一コンテンツとなる。パスファインダーは初学者の入門情報，専門性の高い情報といったように，レベルを設定できる。

## 第2節　資料各論 —— 非図書資料

### ⑴ 地図資料

地図資料とは，地球表面の状態を一定の方法により縮小し，記号・文字・色彩などを用いて平面上に描写再現したものをいう。様式的には一枚図，折り図，掛地図など，内容的には一般図と主題図（地質図，海図，道路図）などに分けることができる。なお地図資料で地図帳は図書として扱われる場合がある。

### ⑵ 楽　譜

楽譜とは，楽曲，歌曲などの曲を，一定の記号・符号・数字によって表現したものをいう。現在，最も広く用いられている楽譜は，ヨーロッパ五線譜である。形態は，曲別のピースもの（一枚もの），書籍の形態で発行される『～楽曲集』『～歌曲集』などがある。

### ⑶ 静止画資料

静止画資料とは，内容を受容するときに再生装置を必要としない静止画をいう。これに該当するものは絵図，絵図帳，絵葉書，掛図，掛図帳，紙芝居，写真，設計図，版画，美術原画，複製図，ポスターなどがある。

### ⑷ 博物資料

博物資料は，図書館で収集される資料のうち，博物館資料に近いもののことで，博物館的資料ともいう。彫刻・染織・陶芸・その他の立体的な美術工芸品，民具や出土品・標本・模型・玩具・機械や器具などの展示，陳列品等があり，あらゆる種類の多元的形状をなす有形資料である。複製ではなくオリジナル資料が多い。ただし，立体的な地図に関するもので，地球儀，地球模型，天球儀，渾天儀などは地図資料として扱われることが多い。

### ⑸ 録音資料

録音された資料で，一般に映像をともなわない。音声，楽音などの音を物理的素材に，定型的に再生することを前提として，信号化して定着させたものをいう。つまり再生機器によって発生する音声を聴覚で聴くことができる資料のことである。その種類は，シリンダー，レコード（ディスク），磁気録音テープ，自動楽器用ロールなどがあるが，現在では，記録媒体の主役は，レコードからCDやMD，インターネットによる音楽配信を記録する機器に移りつつある。

録音資料は，音楽作品そのものを収録した「音楽資料」と，方言・談話・民謡・言語を記録した「非音楽資料」に分けることができる。公表された書籍や雑誌等の著作物の音声化は，「録音図書」となる。録音図書には，ラジオドラマのように，プロの俳優や声優などを起用し，感情を込めて朗読された市販資料と，訓練を受けた専門の朗読者によって，感情移入なく淡々と文字等を機械的に音声に移し変えた視覚障害者用資料がある。

録音資料は，その劣化や再生装置の製造中止などにより，別の媒体への移行，いわゆるメディア変換を余儀なくされる場面が予想されることに加え，図書館で行う場合には，著作権上さまざまな問題をはらんでいる。

### ⑹ 映像資料

視覚的にとらえることができる画像を光学的，電気的に記録しメディアの上に保存した資料のことである。これも再生機器が必要である。その再現において動きや変化をともなう視覚的な情報が伝達される。その種類には，静止画像を光学的方法で記録したスライドやフィルムストリップ，画像を光学的にフィルム上に定着させた映画フィルム，画像を電気的な磁気を帯びたテープ上に記録したビデオテープ，映像など動画情報を透明なアクリル円盤に挟まれた被膜に孔（ピット）のかたちで記録したLDとDVDがある。なお，写真は再生機器を必要としないので，映像資料ではなく静止画資料として扱う。

## (7) マイクロ資料

マイクロ資料とは，写真的に，またはその他の手段によって透明あるいは不透明な材料上に肉眼で読めないほど小さく縮小した，カラーもしくはモノクロの複写物のことである。既存の資料の複製物であることも，オリジナルな出版物であることもある。マイクロ資料には，①ロールフィルム，②カートリッジフィルム，③フィッシュフィルム，④アパーチュアカード，⑤フィルムジャケット，などがある。たとえば，ロールフィルムは，ロール状（幅16mmには長さ30.5mと66mの2種類，幅35mmには長さ30.5mの1種類），16ミリのロールフィルムをカートリッジに入れたのが，カートリッジフィルムである。フィッシュフィルムは，シート状のフィルム（105 × 148mm）に，マイクロ画像を基盤目上に配置した（30コマ，60コマ，48コマ，98コマ，244コマ，270コマ）ものである（図

図 2.1　マイクロ資料

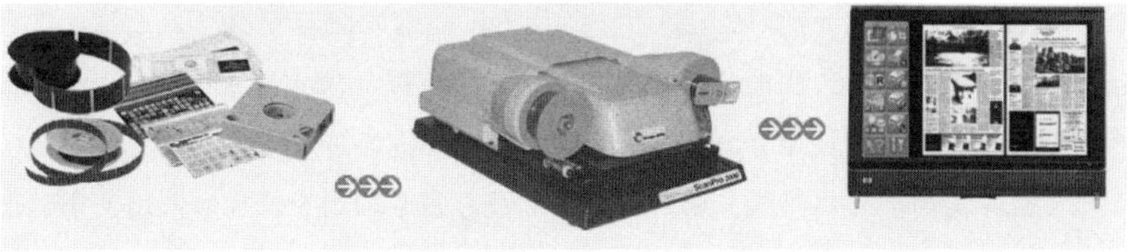

図 2.2　省スペース型マイクロリーダー

（出所）e-image data ScanPro 2000。写真掲載については日本販売代理店の極東書店に許諾を取っている。

2.1)。これらの記録された情報を閲読，複写するためにはマイクロリーダープリンターと呼ばれる画像拡大複写装置が必要とされる（図 2.2）が，拡大装置がなくても拡大鏡等で閲読可能であるのが，装置を必要とする他の非図書資料との大きな違いである。

マイクロ資料の利点は，紙媒体より長期間の保存に向いていることである（第 1 章表 1.1 参照）。また，厖大な資料の保管スペースを節約できること，保存上頻繁な利用を避けたい貴重書などの原資料の代替として利用できること等である。たとえば，わが国最古参の紙媒体の美術雑誌『国華』（大きさ 36cm × 26cm）の 1197 号分（1889 年 10 月号～ 1995 年 8 月号）の保存にはかなりのスペースを要するが，35 ミリのマイクロ資料の復刻版は 52 リールに収録され，保管場所は棚 3 段分である（1 リール 10cm × 10cm の箱に収容）。欠点は，検索性がないのと，マイクロリーダーによって使い勝手と，利便性が左右されることであろうか。マイクロ資料は，図書と別の場所で保管されることが多い。

### (8) 障害者用資料

身体に障害がある人々に対する障害者サービスで用いられる資料のことである。図書館サービスは，「いつでも，どこでも，だれでも，なんでも」という，健常者と障害者を区別せず公平な情報アクセスの提供を目的としている。

聴覚障害者資料には，手話・日本語字幕付き映像資料があり，一方視覚障害者資料には別の形態に転換して利用する方法として，① 点字図書，② 録音図書（34 ページ参照），③ 大活字図書，④ DAISY 録音図書，⑤ さわる絵本（指で読む本），⑥ 布の絵本，⑦ 電子書籍テキストデータ，⑧ LL ブック（優しく読める知的制約者向け図書），などがある。これらには補助機器やソフトとして，点字ピンディスプレイ，画面音声化ソフト，音声読書システム，ホームページ音声読み上げソフトが使用される。②を除く①から⑤を詳述する。

①「点字図書」とは，指先の触覚により読み書きの用を行う盲人用文字で書かれた図書をいい，大別すると，点字印刷図書と点訳図書の 2 つであるが，原資料よりもかなりの分量となるのが難点となる。

③「大型活字図書」（拡大図書とも）とは，大きな活字で印刷された図書をいう。作成方法は3つあり，原本をカメラ等で拡大した「拡大本」，手書きによる「拡大写本」，および肉太の活字で大きく組み直した「大活字本」である。これらは，文字を拡大することによって読むことが可能になる弱視者や高齢者に適している。最近では，大活字本をオンデマンド印刷方式でつくる方法が試行されている[4)]。

④DAISY（デイジー）は，視覚障害者など印刷物を読むのが困難な人々のために作られるデジタル録音図書の国際標準規格である。データ圧縮方式を用いて長時間の録音データを1枚のCDに格納し，録音図書の見出しや望むページへジャンプすることを実現している。アナログ録音のカセットテープと比べて音質劣化が少ない。ただし，デイジー録音図書は一般のCDプレイヤーでは再生することはできず，パソコンや専用プレイヤーが必要である。

⑤「さわる絵本」とは，視覚障害児のために，布・ビニールや毛皮などの素材により，実物に似たかたちに切り抜いたものを貼り付け，触覚によって鑑賞させることを目的としてつくられた絵本のことである。点字による解説文がつく。

障害者用資料の製作は，一種の複製で著作権に抵触する。視覚障害者や原本の活字のままで利用できない人のために，著作者許諾なしの録音図書（貸出用）の作成を認められた点字図書館や，著作権者に連絡するだけで許可なしに拡大写本や録音図書を作成することを認めることを意味する「EYEマーク」が付与された書籍を対象に公共図書館で録音図書が製作されてきた。2009年の著作権法第37条の改正は，障害者の情報格差の解消を目的としたもので，著作者に許諾なしでさまざまな障害者用資料の製作，データの自動公衆送信・譲渡が大学図書館・公共図書館・学校図書館等にも認められた。視覚障害者用資料製作については著作者許諾を必要としないが，聴覚障害者用資料については，聴覚障害者のために映画や放送番組への字幕や手話の付与を可能にしたが，字幕付きビデオ・DVDを貸出すためには，製作機関と識別記号を記載した紙などを別途用意したり，補償金を支払ったりする必要がある[5) 6)]。これまで視覚障害者，とりわけ録音図書中心であった公共図書館における障害者サービスは，さらに広い利用者層へのサービス提供，取り扱う資料の媒体も，利用者の希望によって，さらに広げていくことが求められている。

2007年調査[7]では，公共図書館全体（3108館）で障害者サービス実施館は1213館（39%），資料製作館は361館（11.6%）で全制作資料数は約5万点である。

### ⑼ 電子資料（コンピュータ・ファイル，パッケージ系，ネットワーク系）

電子資料とは，コンピュータ（その周辺装置を含む）によって利用可能となるデータ，プログラム，または両者の組み合わせをいう。外部のコンピュータに接続して，磁気や光によって，記録媒体から電子的な情報を読み出す（あるいは読み込む）方式をとる。電子資料には，印刷資料を電子化したもの（電子化資料という）と，最初から電子資料として作成されたものがある。電子資料の利用は，記録媒体を直接的に操作するローカルアクセス（パッケージ系電子資料）と，記録媒体に触れないリモートアクセス（ネットワーク系電子資料（ネットワーク情報資源のこと））がある。電子資料は，大量複製が容易であり，大容量を記録できるため絵や音声などのマルチメディア情報なども収録できる利点をもつ。また，紙の消費を抑制し，環境問題の解決に寄与する可能性がある。ネットワーク系電子資料については次章で詳述する。

パッケージ系電子資料とは，フロッピーディスク，CD-ROM，DVD-ROM等の有形の媒体に情報を記録したものをいう。それらを納本対象とした国立国会図書館では，「磁気的方法その他の人の知覚によっては認識することができない方法により文字，映像，音またはプログラムを記録し」複製された著作物としている。マイクロ資料同様に保管スペースの節約や貴重書の代替として利用することができる。たとえば，前述の雑誌『国華』の1889年10月号-2007年7月号の1341号分はわずかDVD-ROM 5枚に収録される。

この電子資料は目録規則上では整理可能であるが，保存するためには紙に出力したり，パソコンのハードディスクに複製（保存）したりする必要がある。これは録音資料同様にメディア変換となり，図書館資料として利用者に提供できるか迷うところである。

## 第3節　資料各論 —— 継続資料（逐次刊行物と更新資料）

継続資料は，逐次刊行物と更新資料からなる。逐次刊行物とは，一般に同一タイトルのもと，巻次，年月次を追って個々の部分（巻号）が継続して刊行される資料をいう。一方，更新資料とは，継続的に刊行・更新される加除式資料，ウェブサイト，データベースなどをいう。ここでは逐次刊行物のみに触れることとする。

逐次刊行物には，主なものとして雑誌，新聞，年鑑などがある。図書館によっては年鑑を図書扱いすることもある。その内容は，速報性を重視した多数の執筆者による記事の集合体である。消費的情報が多く，情報の賞味期限が過ぎると急激に価値が下がるが，過去に起こった出来事や当時の流行を知るための情報源としても活用することができる。記事内容の検索手段には二次資料（書誌，索引）が必要である。

『雑誌新聞総かたろぐ』（2011年版）によれば，日本の逐次刊行物の総数は，雑誌1万7671誌，および新聞・通信が3751タイトルとなっている。また，『全国フリーペーパーガイド』（2011年版）によれば，特定の読者を対象に無料で定期刊行・配布される地域生活情報紙・誌のフリーペーパー，フリーマガジンは合計1107紙・誌が発行されている。

### 1　逐次刊行物の巻号部

逐次刊行物の各分冊には刊行順序を示す一連の表示（追い番号）がついており，巻・号・部・補遺（Volume-number-part-supplement），通巻番号，年（月）（日）などが表示されている。モノグラフシリーズには通号もしくは巻号がある。これは内容的には各著作は独立した著作物であるが，シリーズの観点からみると内容的に一貫したものがあるので，図書館によって図書で扱うか，雑誌で扱うかはケースバイケースである。

## 2　逐次刊行物の種類と数

### (1) 雑　誌

雑誌とは，一定の名称と編集方針のもとに，多数の筆者による記事・論文等を集め，定期または不定期に終期を予定せず継続刊行される簡易製本された（仮綴じの）印刷物である。図書よりは速報性に優るが，新聞には及ばない。

雑誌は，書籍同様に営利出版物（商業出版物あるいは一般雑誌）と非営利出版物に分けることができる。一般雑誌の多くには広告が掲載され，どんな分野であれ競合誌が必ず存在する。非営利出版雑誌には，学術雑誌，官公庁誌，団体・協会誌，企業誌，同人誌がある。森岡が作成した表 2.1 は，雑誌についての理解に役立つだろう。

日本国内においてその一般雑誌の流通に使用されている番号として「定期刊

**表 2.1　雑誌の要件**

| | 条件　○：必ず満たす　－：狭義の意味で満たす<br>△：各論がある | 逐次刊行物 | 定期刊行物 | 雑誌 | 学術雑誌 |
|---|---|---|---|---|---|
| 刊行形態 | 同一タイトルで別々の部門に分けて刊行され，巻号が付されている | ○ | ○ | ○ | ○ |
| | 終刊を意図していない | ○ | ○ | ○ | ○ |
| | 定期的に刊行されている | | ○ | ○ | ○ |
| | 比較的短い周期で刊行される | | － | ○ | ○ |
| | 刊行頻度が年 2 回以上週 1 回以下である | | － | ○ | ○ |
| 掲載内容 | 複数の記事を掲載する | | － | ○ | ○ |
| | 特定分野についての専門的学問的な内容である | | | | ○ |
| | 学術研究論文を掲載する | | | | △ |
| | 原著論文を掲載する | | | | △ |
| | 投稿論文を掲載する | | | | △ |
| | 審査された論文を掲載する | | | | △ |
| | 使用言語が英語である | | | | △ |
| 編集方法 | 編集者が一定である | | － | ○ | ○ |
| | 刊行，編集責任者が学術団体や研究者である | | | | △ |
| | 自由投稿制である | | | | △ |
| | 査読制をとっている | | | | △ |
| 読者 | 対象読者がほぼ一定である | | － | ○ | ○ |
| | 予約購読制である | | | | △ |
| | 二次資料に収録されている | | | | △ |

（出所）森岡倫子「さまざまな属性からみた学術雑誌の定義」『Library and information science』Vol.31, 1993, p.52

行物コード（雑誌）」がある。日本では，一般雑誌には定期刊行物コード，学術雑誌のうち商業出版の流通ルートにのらないものには国際標準逐次刊行物番号ISSNというユニーク番号が付与されていることが多い。

一般雑誌の種類は，刊行頻度（前述），言語，流通形態，内容，発行目的，出版（発行）形態などで区分できる。定期刊行物コード（雑誌）の発行形態コードには，①月刊誌，②週刊誌，③コミックス，④ムック，⑤非取得，⑥予備，の各項目がある。携帯型の雑誌リスト『雑誌のもくろく』（雑誌目録刊行会，年刊）では，対象読者（ターゲット層）で雑誌を，児童・学生，女性，家庭，大衆，総合・文芸，趣味，専門，ムック，コミックス，週刊誌で分けている。

雑誌を言語で分けると，日本語あるいは漢字以外の文字が使われている雑誌を「洋雑誌」（欧文誌），それ以外を「和雑誌」（和文誌）と呼ぶ。洋雑誌には日本で刊行されている外国語の雑誌も含む。出版地で分けると，自国以外で刊行された雑誌を外国雑誌，自国で刊行された雑誌を国内雑誌という。

日本の雑誌数は1万7671誌であるが，一般雑誌は『出版年鑑』（2011年版）によれば4056誌，そのうち取次が扱うのは『雑誌のもくろく』（2011年版）によれば約3600誌である。また『国内学会誌ガイド』（2010年版）には，学協会，大学，研究機関が発行する雑誌（学術雑誌）2372媒体（インターネット提供含む）が収録されている。一般雑誌の部門別発行点数は，読物（446点），医学・衛生・薬学（443点），工学・工業（425点），家政学（260点），体育・スポーツ（249点）などの順[8]となっている。

### (2) 新　聞

新聞とは，「新しい情報を特定または不特定多数の人々に伝達することを主目的にする定期刊行物」であり，表紙がなく，折っただけで仮綴じもなく未製本状態であることが多く，ブランケット判（546×406.5mm）とタブロイド判（406.5 × 273mm）の2つが大きさの大半を占める。刊行頻度は日刊（朝刊・夕刊）が多いが，週刊などもある。ほとんどが無署名記事である。同じ事件・出来事であっても書き方と扱いが新聞によって大きく異なることがあり，同一日付であっても発送時間によって記事内容が異なり，差し替えられることもある。雑誌同様に，広告が掲載されることが多い。新聞には，全国どこでも同じ定価で，一定の時間に新聞が届く宅配制度がとられているものがある。

新聞の種類は，不特定多数の人を対象とする一般紙，特定主題を扱う専門紙，特定機関から刊行される機関紙などに分けられる。また，書籍同様に，商業紙と非商業紙に分けることも可能である。外国では，知識階層向けで小部数発行の「高級紙」，および一般大衆向けの娯楽記事，ゴシップ記事，スポーツ・芸能記事が多く発行部数も多い「大衆紙」の２つに大別することができる。そのため，「部数が多い＝質が高い」，とはいえない。高級紙はブランケット判，大衆紙はタブロイド判であることが多く，大きさが内容を決める傾向がある。1785年創刊で世界最古参の英国・高級紙『ザ・タイムズ』は，2003年11月からタブロイド判の印刷も行っている。新聞のなかには，発行したものを月別にまとめ，判型を縮小した「縮刷版」という復刻版もある。

一般紙は，全国紙，ブロック紙，県紙，ローカル紙で分類されることが多い。①全国紙（朝日，読売，毎日，産経，日本経済の５紙。全国に販路あり），②ブロック紙（数県または一地方の大部分に販路をもつ。北海道，中日，東京，西日本の４紙），③県紙（ほぼ一県単位の販路をもつ。現在，滋賀県にのみ存在しない），④ローカル紙（市町村程度の範囲での発行）。一般紙の①～③は中立中道の立場で報道されることが多く，中央（全国あるいは県中央）向けのページ以外に地方・地域向けのページがある。

専門紙は，特定の領域・業界や問題を扱うもので，例をあげればスポーツ紙だが，業界毎に数紙存在する場合がある。全体的な把握には，『専門新聞要覧』（日本専門新聞協会，年刊）を見てほしい。

機関紙とは，政党，宗教団体，労働組合，住民団体などが，宣伝，教育を目的として刊行するもので，自治体や企業などの広報紙，さらにはコミュニティ紙，ミニコミ紙，フリーペーパーも，この機関紙の範疇に含まれる。

一般紙の大きさはブランケット判，機関紙はタブロイド判であることが多く，専門紙は新聞によって異なる。

■注 ──

1)「書誌データの作成と提供：日本全国書誌編さん実施方法（概要）」〈http://www.ndl.go.jp/jp/library/data/data_plan_3.html〉［Last accessed: 2011.12.31］
2) 蛭田廣一「羽ばたけ地域資料」『現代の図書館』Vol.39, No.4, 2001, pp.212-213
3) トーハン・コンサルティング編『出版販売の基礎知識（8版）』トーハン，2002, p.58
4) 金子和弘「大活字出版をブックオンデマンドで」『出版ニュース』No.2045, 2005年7月下旬, pp.6-9
5)「図書館の障害者サービスにおける著作権法第37条第3項に基づく著作物の複製等に関するガイドライン」〈http://www.dinf.ne.jp/doc/japanese/access/copyright/20100218.html〉［Last accessed: 2011.12.31］
6) 南亮一「2009年著作権改正によって図書館にできるようになったこと」『図書館雑誌』Vol.104, No.7, 2010, pp.434-437. 佐藤聖一「「図書館の障害者サービスにおける著作権法第37条第3項に基づく著作物の複製等に関するガイドライン」と障害者サービス」『図書館雑誌』Vol.104, No.7, 2010, pp.434-437. 南亮一「2009年著作権法改正と図書館の障害者サービス：できること・できないこと」『みんなの図書館』No.412, 2011, pp.2-14
7) JLA図書館調査事業委員会「障害者サービスについて：『日本の図書館2008』より」『図書館雑誌』Vol.103, No.6, 2009, pp.410-411
8)［出版ニュース］編集部「図表で見る日本の出版統計：『出版年鑑2011』から」『出版ニュース』2011年6月中旬号, pp.6-15

考えてみよう・調べてみよう

1. 資料の中には，オリジナル（現物）と同一の内容でありながら，メディア変換が行われてマイクロ版，電子版（CD/DVD-ROM）やネットワーク版として存在するものがある。図書館を訪問して，メディア変換が行われた資料を探してみよう。
2. 資料には大きさが内容を決める傾向がある。図書館を訪問して，図書・雑誌のサイズ（A4判，B4判等の判型）とその種類を確認してみよう。

読書案内

日本図書館協会目録委員会編『日本目録規則（1987年版，改訂3版）』日本図書館協会，2006年
山本順一編著『情報の特性と利用：図書館情報資源概論』創成社，2012年

# 第3章
# ネットワーク情報資源

インターネットや衛星通信などによって送受信される二次情報データベース，ネットワーク系電子出版物，電子化された記録・文書類を，ネットワーク情報資源という。情報通信技術を利用することで，図書館サービスをより高度化することが可能となる。本章では図書館情報資源としてのネットワーク情報資源を詳述する。

## 第1節　ネットワーク情報資源とは

### 1　定義

『図書館情報学用語辞典』(第3版) では，ネットワーク情報資源 (networked information resources) を，「インターネットを基盤とするコンピュータネットワークを介して探索，入手，利用可能な情報資源」[1) ]とした上で，下記のような一般的特徴をもつとしている。

(1) 多様な表現様式を一元的に記録，伝達し，加工や再利用が容易である

(2) パッケージ系メディアと通信系メディアの特徴を合わせ持つ

(3) 情報の更新，移動，削除などが頻繁に行われ，存在が流動的である

(4) WWW の普及にともないハイパーテキスト構造をもつものが多く，情報が断片化すると同時に癒着しており，書誌的単位が不明瞭である

インターネットの利点は物理的制限と空間的制限からの解放である。活字印刷文化の世界では，「もの」(ハードあるいはメディア，キャリア，チャネル) としての書物と「情報」(ソフトあるいはメッセージ) としての内容が不離一体で記録容

表 3.1 インターネットで提供される情報

| | 提供される情報 | 公共機関／研究機関 | 企業・営利団体 | 非営利団体 | 個　人 |
|---|---|---|---|---|---|
| ① | 従来，コンテンツに価値があるとして，有料で提供されていた情報 | | 商用データベース | | |
| ② | 従来，流通コストをカバーするために，有料で提供されていた情報 | 成果物 | | | |
| ③ | 従来，メーカーや販売店がコストを負担することで，無料で提供されてきた情報 | 広報／成果物 | 広報／成果物 | 広報／成果物 | |
| ④ | 広告を見せるための番組としての情報 | | 広告 | | |
| ⑤ | ニッチなニーズに対する教え合いの結果生まれた情報 | | | | ○ |
| ⑥ | 自己表現欲求の発露の結果生まれた情報 | | | | ○ |

（出所）高鍬裕樹『デジタル情報資源の検索（増補第３版）』京都図書館情報学研究会，2011，pp.85-93 より作成

器と伝達媒体を兼ね備えたものであったが，ネットワーク系情報資源はそのハードとソフトが分離されて提供されている。またその「流通」のコストは限りなくゼロに近い。

## 2　ネットワーク情報資源の分類

ネットワーク情報資源は，データフォーマット（テキスト（DOC，PDF，TXT），図表，画像，音声，映像，双方向マルチメディアデータ等）や表示形式（文字，画像，音声，動画，マルチメディア等）等の観点で分類することができる[2)]。

高鍬の考え[3)]を元に，インターネットの情報提供者（発信者）と提供される情報の種類を表 3.1 に示した。①の情報（即ち出版物）は当情報資源においても有料（商用）で提供され，インターネットの利用者にとって②から⑥が情報資源として認識される（つまり無料で公開された「フリーアクセス」と「オープンアクセス」な情報）。視点を変えると②から⑥は図書館にとっては，印刷メディアが主流の時代には全く情報として認識できなかったいわば「灰色文献」である。インターネットというメディアは，印刷メディアの守備範囲とは異なる情報を扱っている，と考えられる。情報の質，信頼性，安定性はどうだろうか。

伝達方式からみると，ネットワーク系電子出版物（ネットワーク雑誌，ネット

ワーク新聞，ネットワーク出版物，ネットワークデータベース等）および各種のネットワーク情報（Email，BBS，Forum）に分けることができる[4)]。

### 3　ネットワーク系電子出版物

2010（平成22）年6月7日に行われた国立国会図書館納本制度審議会答申[5)]では，「ネットワーク系電子出版物」（ネットワーク出版物）とは電磁的媒体を用いて公表される出版物をいい，そのうち，通信等により公表されるものと定義した上で，「通信等」には，最も広義では放送が含まれることから，ネットワーク系電子出版物には，放送番組を含むとした。その中で，インターネット等により利用可能となっている情報で，図書，逐次刊行物に相当する情報を「オンライン出版物」とし，図書館が収集し，図書館資料として取り扱うものを「オンライン資料」と定義した。

オンライン出版物には，第1章で述べた出版物の種類と同等のものが存在し，企業・営利団体（主に出版社）による商用の「電子書籍」「電子マガジン」「電子ジャーナル」が当然主力となるが，国・地方公共団体，出版を専業としない企業・営利団体，非営利団体（大学，研究機関，各種法人など），個人団体によって発信される無料の「電子図書」（電子テキスト）もある。

## 第2節　ネットワーク情報資源の組織化

インターネットが図書館情報資源（図書館資料）であるか否かという議論がかつてあった[6)]。物理的実体がなく所蔵することができないのがその理由である。しかし図書館はさまざまな出版物を収集・保存し，さまざまなサービスを通じてすべての人々に保証・提供してきた。図書館をあらゆる情報提供の場として考えれば，ネットワーク情報資源へのアクセスを提供するとともに，情報を発信あるいは保存することもこれからの図書館の役割と考えられる。またネットワーク情報資源を利用して「厳選して提供すれば，図書館が提供できる情報を格段に豊かにすることができ，図書館の可能性を大きく高める効果を持つ」[7)]

可能性がある。そのためには「収集，整理，保存，提供」して図書館情報資源としての資格を与える必要がある。紙と電子両者を提供する図書館をハイブリッド図書館という。

## 1 組織化

ネットワーク情報資源の収集，整理，保存，提供を旧来の印刷媒体と同レベルで実現するには，いくつかの問題点がある。列挙すると，① 情報内容が玉石混淆，② 情報資源の数が膨大（文章だけでなく静止画，動画，音声など），③ 存在の不安定さ，④「所蔵」資料ではないので提供・複製と著作権の問題，⑤ 利用に特別なツール（プラグインソフト）が必要，⑥ ある種の階層構造の存在，などである。

ここでは⑥を取り上げてみよう。ネットワーク情報資源，とくにウェブには，表層ウェブと深層ウェブの２つのタイプがある。乱暴にいえば，表層ウェブは地表・大気であり，深層ウェブは地中・海中である。表層ウェブとは，ふだん閲覧しているフリーアクセスなサイト，いわゆる公開情報である。主に静的なHTML 等で構成され，ロボットで比較的容易に収集できる。つまり検索エンジンで検索できる。一方，通常の一般的な検索エンジンでは検索できない（ロ

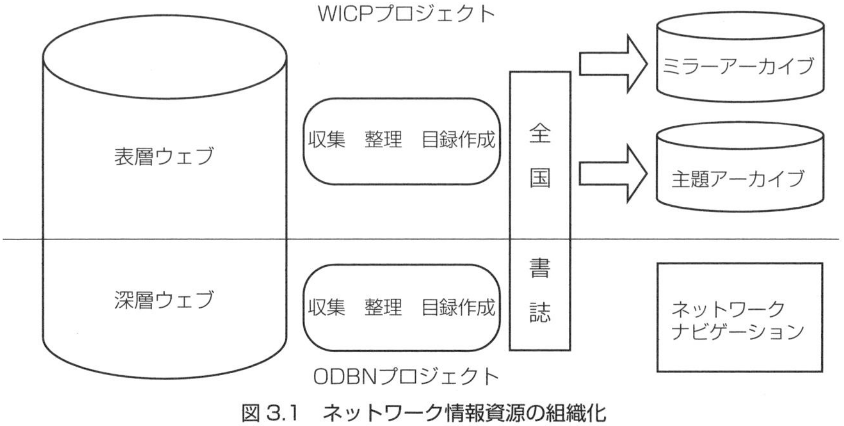


**図 3.1 ネットワーク情報資源の組織化**

（出所）王志庚「中国国家図書館のウェブ・アーカイビング」『カレントアウェアネス』No.281, 2004, pp.5-6

ボットが十分収集できない）部分を深層ウェブと呼び，いわゆる制限付き公開情報と非公開情報を含む。例をあげるとデータベースで，これはアクセスのたびに情報が動的に生成される。

中国国家図書館のネットワーク情報資源の組織化の考え[8]を図3.1に示し，それに従って説明していくことにする。全国書誌とは「ある国で刊行されたすべての出版物を収録する書誌・目録」をいう。

## 2 収 集

これら2つのウェブの収集は，人手による収集方法（例：ディレクトリ型検索エンジン）とロボットによる自動収集方法（例：全文型検索エンジン）の2つがある。人手による収集は，質は保証されるが数がこなせない。ロボットによる収集はその反対である。したがって両者の組み合わせが必要である。表層ウェブについては，商業ベースの検索エンジンで代替可能であるが，図書館では表層ウェブと深層ウェブの両者を対象として主題分野ごとに収集・整理を行いインターネットで公開（提供）している。簡単なものはリンク集であるが，それを一歩進めてデータベース化したものを検索エンジンとは区別する意味で「サブジェクト・ゲートウェイ」と呼んでいる（たとえば国立国会図書館の「Dnavi」，東京大学の「インターネット学術情報インデックス」，東京学芸大学の「E-TOPIA」，東京工業大学の「TDL」などである）。

収集・選択には基準が必要である。たとえばISI社の各専門分野に関する有用サイト集であるCurrent Web Contentsでは，①権威性，②正確性，③速報性，④ナビゲーションとデザイン，⑤内容，⑥読者対象，⑦記述の質，⑧レビュー，が選択基準となっている[9]。

## 3 整理，目録化

整理，目録化する方法には，『日本目録規則』やメタデータがある。メタデータとはデータについてのデータをいい，情報資源の識別・同定，所在指示，記述の3つの機能がある。ネットワーク上に散在する多種多様な情報資源の検索を可能とする。一例が書誌ユーティリティ OCLC と National Center Supercomputing Applications が定めたダブリンコアで，15 の要素からなる[10)]。先述したサブジェクト・ゲートウェイは，『日本目録規則』ではなく，独自のメタデータを定めて記述されている。

DOI（Digital Object Identifier）とは，ISBN や ISSN のような電子化されたオブジェクト（著作物）に付与される識別コードである。図書や雑誌の単位だけでなく，そのなかに含まれる章，論文，表など，どんな単位にも付与できる。URI とは，情報資源の場所を指示する記述方式で，URL（住所）と URN（名前）がある。URL の変更が把握できない場合は「リンク切れ」という現象が発生するので維持管理が必要とされる。

ノルウェー，デンマークとオーストラリアでは，ウェブ上の静的な著作物（すなわちオンライン出版物）もすでに全国書誌に収録されている[11)]。しかし紙で出版されずインターネットでのみ存在する「ボーンデジタル」[12)] なオンライン出版物も増加している。

## 4 保　存

深層ウェブの収集（保存）は，データベースのなかにロボットが入っていけないこともあり技術的な困難がともなう。深層ウェブへのアクセスは基本的にデータベース等へのナビゲーションだけになる（それがサブジェクト・ゲートウェイである）。すなわち，ウェブの保存の対象は表層ウェブだけになる。

ウェブの保存をウェブ・アーカイブという。表層ウェブの保存は，ロボットを用いた収集時に，ウェブのデータを図書館のアーカイブ用サーバに複製することによって，情報を記録化し，保存する方法が一般的である。これにより，情報が更新，削除される不安定さがなくなるとともに，継続的なアクセスが保証される。ただし，ウェブは日々更新され，成長するので定期的な収集が必要である。

収集（保存）の方法には，自分の国のサイトを丸ごと収集するバルク収集（Bulk Collection）と，特定のテーマや著作権などの許諾を得たサイトを選択的に収集する選択的収集（Selective Collection）の2つがある。前者の例は，アメリカのThe Internet Archiveプロジェクトで，WaybackMachineを用いると1996年まで遡って1,500億ものウェブページを閲覧することができる（2011年末現在）。後者の例[13]は，国立国会図書館の「WARP（ワープ；Web Archiving Project，インターネット資料収集保存事業）」で，2002年から官公庁のページを中心に収集が行われ，2009年の著作権法改正（2010年施行）によって制度的収集体制が整備された。今後増加されると予測される収集量や範囲，再配布，アーカイブの2次利用などを考えれば，国際的な分担アーカイブの構築が望まれるため，インターネット保存コンソーシアムも結成されている。

保存されるデジタル情報は，従来の印刷物の保存と異なり，ただ保管しておけばよいものではなく，(1)保存状態や故障などによる経年変化への対応，(2)プログラムやデータのマイグレーション（移行・変換作業），(3)構造や設計の異なるハードウェアの機能を別のハードウェアで実行させるエミュレーション，(4)保存用メタデータの作成，などたいへんな手間とコストがかかることも忘れてはならない。

## 5 提 供

個別の図書館による情報資源の提供には，①商用コンテンツ（電子書籍，電子マガジン，電子ジャーナル，2次情報データベース）の提供，および②独自作成および無料コンテンツの提供，がある。商用コンテンツ（電子書籍，電子マガジン，電子ジャーナル，2次情報データベース）の提供方法には，(A)レファレンス・サービスのために図書館員が利用するもの（代行検索），(B)図書館に訪れた利用者に館内で開放する，(C)インターネット上で利用者がアクセスできるもの，がある。①の電子書籍・雑誌の提供については，2012年上半期現在までの動きを述べるに留め，出版業界の観点から第5章，図書館の観点から第6章，大学図書館の観点から第9章で述べる。ここでは②についてのみ詳述する。

①の商用コンテンツの提供に大きく影響する著作権改正が2009年（2010年施行）に行われた。国立国会図書館が紙媒体の所蔵資料の劣化を待つことなく納

入直後に著作権処理を行わなくてもデジタル化（電子化）することが認められた（著作権法第31条第2項）。また2012年の著作権法改正（2013年施行）により，同館電子化資料のうち，「絶版等資料」に限り，公共図書館，大学図書館に対しての公衆送信（電子化資料のネット配信），及び受信先で一定範囲のプリントアウトが認められる（同法第31条第3項）[14]。これは当然ながら，未成熟の電子書籍市場の形成と発展を阻害せず，権利者の利益を不当に侵害しないことに留意したものである[15]。今後の動向に注目したい。

②のタイプは利用者層を想定しながら情報に付加価値を付けて情報発信（新たな情報流通）が行われるため発信型情報サービスと呼ばれる。具体例をあげると，(1) 地域電子図書館（行政資料，地域新聞雑誌切抜帳の索引，古地図，古文書，古文献などの電子化資料配信），(2) 学術機関リポジトリ（研究機関の紀要，報告書など），(3) Webを介した課題解決支援サービスのための情報源（例：ビジネス支援，健康医療情報支援，調べ方学習支援，ビジネス支援，生涯学習支援，身近な暮らしに関する支援など，大学図書館のサブジェクト・ゲートウェイ），(4) 新しい発想に基づくWeb関連の技術による情報発信（例：RSS，Weblog（blog），SNS，Twitter），等がある。しかし(1)の例，自館電子化資料の公開状況は公共図書館3090館のうち201館に留まった[16]。

(3)についての知見や課題が報告されている。平野の調査[17]によれば，都道府県立図書館で「医療・健康情報」のリンク集を提供しているのは全体の約45%であったが，中途半端な採録数と曖昧な選定基準が目立ち，図書館間協力による構築と医学・医療専門を交えた選定体制の実現が望まれると提言されている。一方，東京大学のインターネット学術インデックス運用から「学術上あるいは研究上有用な情報資源を収集・選択するためには，研究者としての視点や，各主題分野の知識」の必要性[18]が報告された。また②のタイプの中で，無料コンテンツ（たとえば「青空文庫」の電子図書など）のWebOPACでの書誌検索およびリンクも行われるようになっている[19]。

第2章の電子資料と同様に，当情報資源の利用には，インターネットに接続された機器が必要である。2009年調査[20]では，公共図書館1館当たりの利用者向けパソコンは4台で，そのうち1.8台しかインターネットに接続されていない。また利用しやすくするために，保存のために紙に出力したり，パソコンのハードディスクに複製（保存）したりする必要がある。これは録音資料同様にメディア変換となり，そのまま利用者に提供できるか迷うところである。データベースの契約は，所蔵ではなくアクセスとなるため使用契約となる。日本図書館協会の公共図書館向け定額料金による団体契約対象データベース（新聞記事及びビジネス・データベース日経テレコン21，法情報LexisNexis JP，ビジネス雑誌・日経BP記事検索）や日外アソシエーツが提供する諸データベースは，プリントアウトの利用者への提供が可能となっている。

## 第3節　書誌コントロール

書誌コントロールとは，商業出版物だけでなく出版物全体の出版状況を明らかにする活動をいう。海野ら[21)]は，書誌コントロールを「一次情報の効率的な流通と利用を促進するために，全国あるいは世界レベルで，目録情報の蓄積，流通を推進する活動全般」のこととし，対象となる一次情報の提供形態とその探索ツールである目録情報の提供形態から，書誌コントロールの世代論を明らかにしている。彼らによれば，蓄積系メディア（≒図書，雑誌などの印刷メディア）で構成される一次情報を，同じ蓄積系メディアである冊子体，カード目録，主題書誌などの目録情報（二次情報）で書誌コントロールしてきた第1世代，蓄積系メディアである一次情報をネットワーク系メディアの二次情報（OPAC，オンラインデータベース，書誌ユーティリティ）で書誌コントロールしてきた第2世代，そして現在は第1，第2世代と並行してネットワーク系メディアである一次情報を同じネットワーク系メディアである二次情報でコントロールしてきた第3世代が進行中であるとした。

国内のオンライン出版物の網羅的なアーカイブ（収集，整理，保存，提供）については，利害関係の調整困難な出版業界ではなく図書館が担うべき役割は大きい[22)]。その一方で，博物館（Museum），図書館（Library），文書館（Archives）

の三者が所蔵するデジタル資料（ネットワーク情報資源）の有効活用を核とした「MLA 連携」が模索されている。今後，図書館は類縁機関と共に，構造が異なるネットワーク情報資源と非ネットワーク情報資源両者の橋渡しを考えていくべきである。

■注──


1）日本図書館情報学会用語辞典編集委員会編『図書館情報学用語辞典（3 版）』丸善，2007, p.194

2）王志庚「中国国家図書館のウェブ・アーカイビング」『カレントアウェアネス』No.281, 2004, pp.5-6

3）高鍬裕樹『デジタル情報資源の検索（増訂第 3 版）』（KSP シリーズ 11），京都図書館情報学研究会；日本図書館協会（発売），pp.85-93

4）王志庚，前掲書，pp.5-6

5）国立国会図書館総務部編『国立国会図書館年報』平成 22 年度，国立国会図書館，2011, pp.155-157

6）西村一夫「インターネット上の情報は図書館資料ではない!?」『図書館界』Vol.50, No.5, p.207

7）平野英俊「都道府県立図書館におけるネットワーク情報資源提供サービスの現状と課題」『[日本大学文理学部人文科学研究所 ] 研究紀要』77, 2009, pp.15-37

8）王志庚，前掲書，pp.5-6

9）棚橋佳子「Web サイトの評価基準の開発：Current Web Contents 選択基準から」『情報の科学と技術』Vol.50, No.5, 2000 年 5 月，pp.298-299

10）「Dublin Core Metadata Element Set, Version 1.1: Reference Description」〈http://dublincore.org/documents/dces/〉[Last accessed: 2011.12.31]

11）五十嵐麻理世「オセアニアのウェブ・アーカイビング」『カレントアウェアネス』No.281, 2004, pp.18-20．ヘンリクセン，ビルギット N.「インターネットに関するデンマークの法定納本制度」『文化資産としてのウェブ情報：ウェブ・アーカイビングに関する国際シンポジウム記録集』出版ニュース社，2003, pp.36-45

12）長塚隆「インターネット上の情報資源の恒久的な保存と公開」『情報管理』Vol.45, No.7, 2002, pp.466, 471, 473

13）関根麻緒「国立国会図書館のインターネット情報の制度的収集」『図書館雑誌』Vol.104, No.5, 2010, p.288

14）「2012 年著作権改正：図書館・公文書館の関係規定について」『カレントアウェアネス -E』

No.217, 2012. 〈http://current.ndl.go.jp/e1303〉［Last accessed: 2012.06.30］
15）吉田大輔「電子書籍の流通と利用」『出版ニュース』2012年2月下旬号，pp.4-7
16）JLA図書館調査事業委員会（2010），前掲書，pp.384-385
17）平野英俊，前掲書，pp.15-37
18）小山憲司「インターネット学術情報インデックス（IRI）の構築・運用とネットワーク情報資源」『薬学図書館』Vol.51, No.4, 2006, pp.250-255
19）伊藤民雄「オープンアクセスコンテンツを活用する電子リソース検索：実践女子大学図書館が提供するOPACと横断検索」『情報管理』Vol.51, No.3, 2008, pp.174-183. 公共図書館では市川市立図書館が初期実現館。
20）JLA図書館調査事業委員会「公共図書館のコンピュータ導入について（『日本の図書館』2009より）」『図書館雑誌』Vol.104, No.6, 2010, pp.384-385
21）海野敏ほか『学術情報と図書館』（講座図書館の理論と実際　第9巻）雄山閣出版，1999, pp.162-197
22）湯浅俊彦，前掲書，2011

## 考えてみよう・調べてみよう

1. 提案型の発信型情報サービスについて，実際に行われている事例，その内容，送信対象者，使用されている技術，についてまとめてみよう。
2. 図書館と出版業界の2つの観点から電子書籍の動向を伝える新聞記事を探してみよう。

## 読書案内

佐々木俊尚『電子書籍の衝撃：本はいかに崩壊し，いかに復活するか?』ディスカヴァー・トゥエンティワン, 2010年
高鍬裕樹『デジタル情報資源の検索（増訂第3版）』京都図書館情報学研究会，2011年

# 第4章
# 一次情報と二次情報

佐野眞一[1]がいう,「読む機能」をもつ資料が一次資料（一次情報）であり,「引く機能」をもつ資料が二次資料（二次情報）である。われわれは，事実・事項を知りたい場合には，圧縮したもの（文献レビュー，百科事典，教科書など）と再編集したもの（辞書，ディレクトリ）を使う。さらに物事をより詳しく知りたい場合には，その根拠となった一次資料である図書や雑誌記事・論文を使う。さらに知りたい場合にはそれらの裏づけとなっている原資料に当たる。本章では，一次情報と二次情報への理解を深めていく。

## 第1節　一次情報

### 1　情報の生産と流通のプロセス

一次資料とは知識，情報などを他の人に伝達するために，紙，写真，フィルム，磁気テープ，電子媒体などに「オリジナル」な情報を記載した資料をいう。ここでは研究を例にして，研究活動とその過程でどのような情報や資料が発生するかをスブラマニアムのモデル[2]で確認しよう（図4.1）。研究者としたが，作家，音楽家，脚本家等に置換するのも可能で,「成果物」が雑誌論文から，小説，音楽，映画等の作品に変わる。成果物は日頃の努力の積み重ねの結晶であって，天から降ってくるわけではない。成果物の発表後に行われる情報交換を公式（フォーマル）なものとすると，それ以前に行われるものは非公式なものとされる。

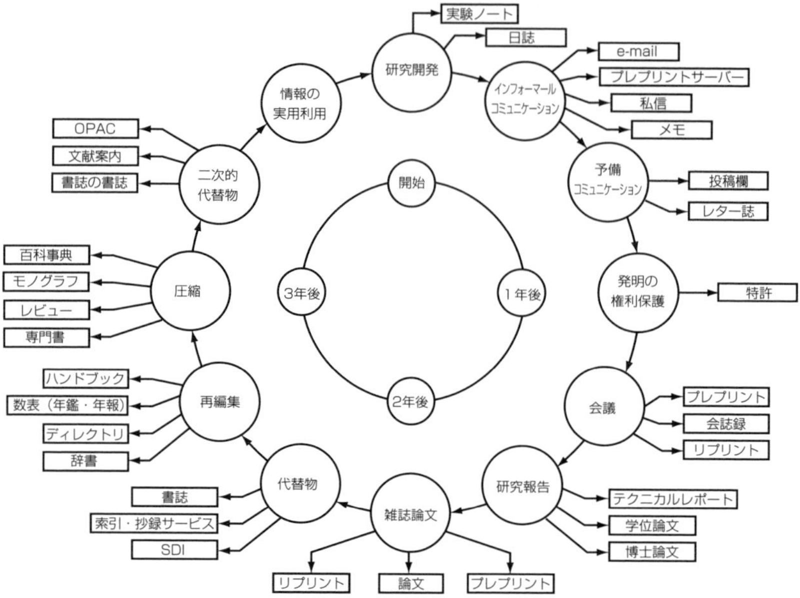


図 4.1　科学情報の進化

（出所）Subramanyam K. The evolution of scientific information. *Encyclopedia of Library and Information science*, Vol.26, M. Dekker, 1979, p.394 から作成

## 2　オリジナルな情報

坂井らは，社会科学的認識のための情報源を 4 つの概念（文献的，フィールド的，第 1 次的，第 2 次的）からとらえている[3)]。「文献的」とは情報の基礎部分が文書や文献のかたちで与えられるもの，「フィールド的」とは基礎部分が調査結果のかたちで与えられているもの，「第 1 次的」とは加工前の素材，「第 2 次的」とは加工され解釈が加えられた情報をさす。これに各学問分野別の原資料と一次資料を当てはめたのが表 4.1 である。原資料は，0 次資料ともいわれ，一次資料に含められることもある。原資料（学術価値を見いだす前の原資料を「素資料」と区別することもできる）には，その生産に研究者が関与していない（できない）研究素材と，研究者が実験や調査によって明らかにした公表していない手持ちの，資料になる前の生データ，いわゆる非公刊データがある。第 2 次的

表 4.1　認識のための情報源

| 分野 | 人文科学 | | 社会科学 | | 自然科学 | |
|---|---|---|---|---|---|---|
| 段階 | 文献的 | フィールド的 | 文献的 | フィールド的 | 文献的 | フィールド的 |
| 第1次的（素材） | 原典（テクスト），自伝，日記，手稿，写本，史料，史料集，新聞・雑誌掲載作品，絵画，楽譜 | 観察記録，インタビュー記録，量的調査報告 | 新聞記事，議事録，自伝，社史，日記，判例，法令 | 観察記録，インタビュー記録，量的調査結果，官公庁統計 | 特許，規格 | 実験結果 |
| 第2次的（加工済） | 学術書，論文，伝記，ノンフィクション，美術カタログ，会議録 | 調査報告書 | 学術書，論文，伝記，ノンフィクション，会議録 | 統計資料一般，白書類，調査報告書，官公庁統計 | 学術書，論文，プレプリント，レター，会議録 | テクニカルレポート |

（出所）坂井素思ほか『社会科学入門：社会の総合的理解のために』放送大学教育振興会，1997, pp.64-66 より作成

情報の文献的なものを「研究文献」，フィールド的なものを「研究資料」と言いかえることも可能である。

## 3　主な原資料

### (1) 原　典

人文科学の研究の対象となる資料が「原典」である。原典は，原本・影印（複製，マイクロフィルム）・翻刻などに分けることができる。原本のなかには，同一原典に由来しながら，伝承の過程で本文の順番や組み立てなどに異同を生じた本を「異本」，「別本」，もしくは「異書」という。また，同一原本から出た諸本のなかで，最も一般に普及している本を「流布本」という。影印とは，写真などによって，原本をそのままのかたちで画像化して，本に収めたもの。本の形まで原本通りにする場合は複製と呼んで区別することがある。また，翻刻とは，現在の文字フォントによって内容を再現したものである。

さらに一歩進めると，研究の成果として生まれた研究文献には，底本を基にした注釈・評釈・研究書・研究論文などがある。注釈（注解とも）は，本文に注を加えて，その意味を説明することである。評釈とは，詩歌や文章を解釈し，批評を加えることである。底本とは，写本や複製本の基になった原本で，翻訳，校訂，注釈などの際に拠り所とする本のことである。定本とは，異本を比較・

検討して誤りや脱落などを正し，その本の最初の姿に復元するように努めた書本で，全集などの決定版となる。定本となりうる主な叢書として，『日本古典文学体系』（岩波書店），『新日本古典文学大系』（岩波書店），ギリシャ語・ラテン語テキストと，英語とが対訳された古典叢書『Loeb Classical Library』，アメリカ文学『Library of America』，フランス文学『Bibliothèque de la Pléiade』，ドイツ文学『Bibliothek deutscher Klassiker』，などがある。とくに文学研究は，その原典に最も近いとされる資料を現在の文字に復元し，学問的方向性と結論を導きだすことを目的としているが，前提となるのがその言語や古代語の習得である。

### (2) 史　料

史料とは，歴史研究の素材となる，古文書，画像，伝承，当事者の日記，手記，手紙，当時の人々が作成した文書，などの総称である。古文書は特定の相手に意思を伝えるために作成された書類のなかで江戸時代以前のものをさす。史料には，紙に記されたものだけでなく，木簡や石碑，マイクロフィルム等を含む。史料は，古文書，当時の人々の作成した書類や収集した事物など生の情報からなる「一次史料」と，一次史料などによって後から作成された同時代史料以外の編纂物から「二次史料」の２つに分けることができる。二次史料の代表例は，六国史（日本書紀〜日本三代実録）より後（887 年以降）の国史の欠落部分を埋めるべく，幕末までの千年近くの間に起こった歴史上の出来事を，年月日順に掲載する『大日本史料』（史料集）である。

### (3) 官公庁出版物（政府刊行物）

社会科学分野で一番の原資料となるのが，官公庁出版物である。これは第２章第１節を参照してほしい。堅苦しい印象を受ける政府刊行物だが，日下公人の『「政府刊行物」の読み方』（ダイヤモンド社，1987）か『お役所情報の読み方』（講談社＋アルファ文庫，1994）を読んでみてほしい。きっと印象が変わるにちがいない。また，調べ方については，千野信浩の『図書館を使い倒す！』（新潮選書，2005）が詳しい。

### (4) 統計資料

統計とは，集団の性質を数字で記述したもので，オリジナルなままの一次統計資料と，要約あるいは編集・加工を施した二次統計資料がある。国際機関，総務省統計局をはじめ，各省庁や都道府県および民間団体が発行した統計書，年報，調査報告書が統計資料となる。とくに，5年ごとに法律に基づいて行われる国勢調査の『国勢調査報告書』は，日本国内の人口，世帯，職業等の状況を最も詳しく正確に記録した第一級の統計資料である。そのほかに『ユネスコ統計年鑑』『世界国際図会』『日本統計年鑑』『日本国勢図会』などがある。

宮本[4)]によれば，各省庁から電子的手段で提供されていた2003年度の統計は270で，そのうちインターネット経由でアクセス可能なものは225統計であった。

### (5) 法令集と判例集

法令集とは，原則的に，憲法を頂点として，そのもとに制定される法律，政令，勅令，府・省令，規則，庁令，告示，公示並びに地方公共団体の制定する条例，規則等，各種の成文法令を体系的に編纂，収録した図書で，加除式のものもある。官報は，『法令』の公布という役割をもち，『法令全書』はその法令を区分し法令番号順に配列したもので，ともに法令集の原典になるものである。

判例集とは，特定の裁判において最高裁判所が示した法律的判断（判例）を集めたものである。先行研究に言及しない論文がありえないように，判例なしに法律は成立しない。判例集には，『最高裁判所民事判例集』や『最高裁判所刑事判例集』などの公式判例集や民間出版社が発行する判例雑誌（例：『判例タイムズ』や『判例時報』）がある。

## 4　一次情報としての図書と雑誌

### (1) 図　書

ここでは学術書と専門書について述べる。これらには，いままでの論文をまとめ直したものと雑誌掲載を経ずに書き下ろされたものの２つのタイプがある。

学術書とは，新しい事実の探求結果を一定の学問的方法に基づいてまとめて図書の形態で学会に報告する資料のことをいう。専門書は商業出版物の一形態であるが，『出版事典』では，「特定の学問や事象を研究する限られた知識層を読者対象とし，学術的，技術的に高度な内容をもつ図書」[5)]，『選定図書総目録』では，「それぞれの職業上の専門知識を習得するのに役立つ書や研究書等」としている。

佐藤眞一[6)]は，専門書を「各分野の専門家向けの実用書（概説書・解説書・技術書・技法書・企画書・ハンドブックなど）」ととらえ，学術書との違いを「専門書は，一般向けの実用書などと比較すれば高度な内容をもち，専門的な術語で書かれているが，学術書と呼ぶほど学究的な内容・構成ではない」としている。専門書には，明らかに二次資料と思われるものも含まれている。

### (2) 学術雑誌

学術雑誌とは，ある基準・規定に従って書かれ，整合性と独創性（オリジナリティ）の両者を兼ね備えた研究成果（論文）を複数掲載して，定期的に刊行される雑誌のことである。学術雑誌の始まりは1665年に刊行された *Journal des Sçavans*（フランス）と *Philosophical Transactions*（英国）といわれている。驚くことに，当時からピアレビュー，登録，普及，アーカイブ記録という４つの研究機能が確立されていた[7)]。

一般雑誌は読者が欲しているもの（市場原理）を第一義にするが，ウッドワードが指摘するように，学術雑誌は，「著者が自分の意見を公表したいから出版されるのであり，読者が読みたいという希望は二の次」[8)]であることが，両者の大きな違いである。学術雑誌には，編集者が研究者にある事柄に対して執筆依頼した依頼記事，および執筆者（すなわち研究者）による自発的な投稿記事が掲載される。投稿記事にはいわゆる「論文」と研究活動および教育実践等を紹介・報告した「報告」がある。

学術雑誌の機能には，学術情報としての認知がある。研究者は学術雑誌から自分の研究に必要な情報を得ると同時に，論文を発表することにより，自分の研究成果を他の研究者に伝える。とくに自然科学の場合，学術雑誌に論文が掲載されることによりその研究成果が学術コミュニティ（学協会，大学）から認知される。また同時にそれが研究者の業績評価となる。

倉田[9]は先人の研究より，学術雑誌の要件を次のように導き出している。①定期刊行物 ②原著論文中心 ③学協会による編集 ④自由投稿の原則 ⑤査読制の採用 ⑥二次資料への収録 ⑦予約購読制 ⑧英語の使用，である。

これらの基準をすべて満たす雑誌は，日本の場合は自然科学にごく少数しか存在しないと思われる。しかも，このうちの大部分を満たすのが学会誌しかないが，学術的な内容の記事を掲載する雑誌に対象を広げれば，学術雑誌と認知される資料はかなり大雑把だが次の通りとなり，これらが図書館の収集する広義の学術雑誌である。雑誌の概要については，『雑誌新聞総かたろぐ』（メディア・リサーチ・センター，年刊）あるいは，〈　〉内の検索ツール（二次資料）を使って調べてみてほしい。

学会：学会誌（和文，欧文），論文集，会誌，会報〈『国内学会誌ガイド』〉
大学・研究所：紀要，～所報，年報〈『大学研究所要覧』〉
企業：技報，社報〈『日本科学技術関係逐次刊行物総覧』ウェブ版〉
業界：専門誌（専門出版社から発行される商業誌）〈『雑誌のもくろく』〉
協会：協会誌〈『全国各種団体名鑑』〉
二次資料：目次誌，索引誌，抄録誌
洋雑誌：全般〈Ulrich's Periodicals Directory〉

そのほかに，レビュー誌，総説誌（その年の重要な文献を選択して紹介），があるが本書では二次資料として扱う。

2011年12月現在，『学会名鑑』[10]には1911もの学協会が登録されている。また学協会著作権ポリシーデータベース[11]には，2473団体が登録され3000

誌近くの会誌・論文誌を発行している。日本学術会議の1994年調査[12]では会誌もしくは論文誌の92.5%でなんらかの査読が行われている。

学術雑誌の多くには国際標準逐次刊行物番号ISSNが付与されている（例：ISSN 0914-6601）。途中のハイフンは便宜的なもので，最初の7桁目までが固有の識別番号，8桁目がチェック数字となる。

学術雑誌については，第9章で再度触れることとする。

### (3) 規格資料

公的な統制機関が発行する標準化された技術仕様書で，知識や技術，製品が標準的なものとして普及するよう定めた取決め（規格）が収録されている。規格（standard）には，国際規格，地域規格（例：ヨーロッパ規格EN），国家規格，団体規格（例：電気電子学会IEEE規格）がある。国際規格を定め，その規格書を発行・販売するのが国際標準化機構ISOで，各国の国家規格はこれに準じている。日本の国家規格には，ISO, 日本工業規格JIS, 日本農林規格JAS, 自動車規格JASOなどがある。

また公的機関が定めたものでなく，市場の実勢によって事実上の標準とみなされるようになった業界標準を「デファクトスタンダード」という。

### (4) 特許資料

特許（patent）は研究成果が発展したものである。特許資料とは特許権，実用新案権，意匠権，商標権に関する狭義の財産権（工業所有権）についての情報，つまり新しい発明・考案が掲載される公報・明細書などをいう。工業所有権と著作権を合わせたものが知的所有権である。特許出願によって権利情報（法的情報）と技術情報（発明情報）が発生する。日本の特許審査機関は日本特許庁である。世界的なものとして世界知的所有権機関WIPO, 米国特許商標庁USPTO, ヨーロッパ特許庁EPOがある。特許掲載公報には，1つの特許に対する識別番号として，①出願番号（例：特許出願平02-28864），②公開番号（例：特開2001-274469），③特許（登録）番号（例：特許第3328698号），が付与されている。

調査方法には，特許掲載公報をすべてチェックする手めくり調査とデータベース検索がある。

## 第2節　二次情報

佐野[13]が言う，「“引く” 機能」の資料・情報が二次資料・情報である。新(あたらし)[14]は，それを特定の利用目的が強く予想される資料，「使う」資料と表現している。二次資料は主に3つに分けることができる。一次資料を，①代用した書誌，目録，索引類，②再編集した辞書やディレクトリ，③圧縮した文献レビュー，百科事典，教科書，である。つまり，一般大衆や学生が専門資料を理解し，学生や院生が専門家になるための資料，あるいは専門情報や専門資料を探し，調べるための資料が二次資料である。さらに「書誌の書誌」のような，二次資料を探すための三次資料もある。本章は，書誌，目録，索引類の理解を深めることを目的とする。

### 1　二次資料とは

生産される情報量が爆発的に増加していることから，「情報の爆発」[15]と呼ばれている。文献情報を無秩序な状態から取り出すことは，偶然に頼るとたいへんな根気と時間がかかる作業となる。書誌コントロールされた二次資料の存在は，雑誌論文などのオリジナル文献である一次資料を探すためには切っても切れない関係となっている。

利用者の要求は，1冊の図書や雑誌（資料）を求める場合と，図書や雑誌に収録される比較的短い論文，作品，記事など（文献）を求める場合がある。これらを探す場合には，①二次資料を用いる「索引法」あるいは「目録法」，②資料を直接見て情報を得る「ブラウジング法」あるいは「現物法」，③特定文献の巻末の引用文献や参考文献であげられた文献をたどる「いもづる法」がある。いずれの方法も完全ではなく，見落としや漏れが生じるので，3つを組み合わせて探索を行う。また，学問分野，研究領域それぞれの約束事への理解を深めるために，参考図書の凡例や雑誌の投稿規定も確認しておこう。

## 2 主な二次資料

### (1) 事典・辞典

百科事典とは，一般大衆の利用を目的とし，さまざまな分野の知識の概要を体系化し，項目毎に整理し，写真や図版を用いて総合的に解説するものである。百科事典には，あらゆる分野を扱う総合的な百科事典と，専門分野に限定された専門百科事典（専門事典）がある。

辞書とは，多くの言葉や文字を一定の基準によって配列し，その表記法・発音・語源・意味・用法などを記した書物である。国語辞書（例：『広辞苑』），漢和辞書，外国語辞書，百科辞書のほか，ある分野の語を集めた特殊辞書，ある専門分野の語を集めた専門辞書などの種類がある。辞典，辞彙，語彙，字書，字引，などともいう。辞書の記述には，① 言葉の意味自体を説明する「ことば（辞）典式」，② 言葉の意味や事柄，情報などを説明する「こと（事）典式」，③ 漢字一字を深く掘り下げ説明を行う「もじ（字）典式」がある。

百科事典，辞書は，見出し語（項目）と記述（説明）の2要素からなる。編集方針が現れるのは項目数で，項目数が多く解説文の短い小項目主義と，項目数は少ないが長大な論文を集め，体系的な知識を提供する大項目主義があり，それを補う中項目主義がある。日本の代表的な百科事典である『日本大百科全書』は小項目主義，『ブリタニカ国際大百科事典』は大項目20冊と小項目6冊に分かれており，『世界大百科事典』は大中小項目が混配されている。百科事典は項目が多いため索引が必要であるが，辞書は小項目主義であるので索引はない。項目の執筆者により，解釈が異なる部分もあり，複数の百科事典を引き比べてみることが必要である。

井上真琴[16]は，「（百科事典）利用の鉄則の一番は，索引巻を引いて確認したうえで，見出し巻の本文にアプローチ」することと述べているが，詳しくは井上著書の『図書館に訊け！』（ちくま新書，2004）を読んでほしい。

### (2) 書誌と目録

書誌とは，なんらかの基準で選ばれた図書，論文，記事等の資料一点一点の特徴を分析して，その特徴を一定の記述規則に基づき書誌データ（図書ならば，著者名，書名，出版地，出版者，出版年，ページ数など）に表現し，これらを探索しやすいように配列したリストのことである。目録は一般的に，その書誌データに所蔵・所在情報を付け加えたものである。書誌の代表例は国立国会図書館に納本される日本の出版物を網羅する『日本全国書誌』である（これは国立国会図書館の所蔵目録の基になる）。目録の代表例は，図書館の蔵書目録である。

複数館の蔵書目録を統合したものが総合目録で，その代表例は，古代から幕末までに日本人が著作，編集した書物50万部を収録した『國書總目録』増訂版（1989）と，その続編『古典籍総合目録』（1990）があり，原典（オリジナル資料）を探す上で欠かせないものとなっている。また，国立情報学研究所により運営される1千以上もの大学図書館・研究機関による総合目録NACSIS-CATはオンライン型の共同分担目録である。

### (3) 索引と抄録

索引には2つの意味がある。「書物中の語句と事項を探しやすいように一定の順序で配列した表」（内容索引）の意味と，「図書や雑誌の中の論文・記事を探すことができるようにしたリスト」（文献索引あるいは索引的書誌）の意味である。抄録は，原文献を読むべきかどうかの判断を行うのに利用される。抄録は，①原文献の内容について結果や結論を含めた指示的抄録（字数が多い），②原文献の主題や扱っている範囲を説明する報知的抄録（字数少ない），の2つに分けることができる。また，著者自らが記述する著者抄録と，第三者による第三者抄録があり，第三者抄録の作成は時間がかかる。

### (4) 索引誌，抄録誌

索引誌とは先述した文献索引の代表例で，複数雑誌の目次に掲載されている論文の標題と著者名（論文情報），掲載雑誌名，掲載年，および掲載ページなど

（媒体情報）といったデータをテーマ別に排列し直したものであり，さらに解題や解説を付け加えたのが抄録誌である。媒体情報は物理的形態を有する紙の雑誌ばかりとはかぎらない。マイクロ資料，CD-ROM，物理的形態をもたないネットワーク系資料（電子ジャーナル）がある。

索引誌の代表例は，1948年に開始され96年に冊子体が廃止されてウェブでの提供のみとなった国立国会図書館の国内約1万誌を採録対象とする『雑誌記事索引』（通称：雑索）である。

抄録誌は自然科学系分野で数多く刊行される。代表的なものに，『科学技術文献速報』と『医学中央雑誌』がある。『科学技術文献速報』（通称：文速）は，科学技術振興機構（JST）が世界1万2000誌を採録対象とする抄録索引誌である。文速は，「化学・化学工業編（外国編）」「化学・化学工業編（国内編）」「機械工学編」「電気工学編」など11のカテゴリに分かれている。1958年に創刊され，オンラインデータベースJOIS（現JDreamII）で提供されている。また，『医学中央雑誌』（通称：医中誌）は，1903年に，尼子四郎によって創刊された日本の医学文献の抄録誌で，休廃刊誌を含む約4700誌が収録対象となっている。これは2002年に冊子体が終刊となり，Web版での提供となっている。

### (5) 用語索引

ある著作（主として文学作品）に使用されている語をすべて抽出し，それがテキスト中のどの位置で使用されているかを示した索引のことで，「コンコーダンス」とも呼ばれている。聖書やイギリスの戯曲家シェイクスピアのコンコーダンスが数多くつくられている。テキスト中の語の出現頻度，語の集中と分散に関する規則性を，「ジップの法則」と呼ぶ。

### (6) 引用索引誌

学術論文に付与される引用文献リストに注目し，引用文献を手がかりに関連文献を効率的に検索しようとするしくみである。有名なものに，ユージン・ガーフィールドとISI社（現トムソン・ロイター社）が刊行した，目次誌 *Current*

*Contents* の収録誌選択の基となった引用索引誌 *Science Citation Index, Social Science Citation Index, Arts & Humanities Citation Index* がある。

### ⑺ レビュー誌，文献案内，文献総説

レビュー（総説）とは，一定期間内でのその分野の事項に関する概説，あるいは研究動向，展望などがまとめられたものである。雑誌形態の場合，英文誌ではタイトルに『Review...』『Trends in...』『Progress in...』『Advances in...』など，和雑誌では『〜の進歩』『〜展望』というような言葉が入っている。

文献案内，文献総説とは，各学問分野のこれまでの研究領域の概要，重要な基本文献，研究方法をまとめたものであり図書の場合が多い。例として，弘文堂の『社会学文献事典』(1998)『文化人類学文献事典』(2004) をあげておく。

## 3　灰色文献検索

灰色文献とは，公開されたにもかかわらず書誌情報が不明瞭で，入手方法が不明な資料をいう。

灰色文献探索として有効なのが，日本科学振興機構（JST）の所蔵目録で，2011 年 12 月現在，国内資料約 2 万 2000 件，外国資料約 1 万 8000 件，会議資料約 8 万 8000 件，および公共資料（日本国内の政府，政府関係機関，地方自治体，公益法人などが作成する科学技術関連刊行物で，研究報告，調査報告，審議会報告，行政報告など）約 8 万 5000 件を検索することができる。また，国立国会図書館 NDL-OPAC でも，規格，テクニカルレポート類，学協会ペーパー，欧米博士論文，が検索可能である。また 2005 年に無料公開された国立情報学研究所の「学術研究データベース・リポジトリ」には，博士論文書誌データベースや民間助成研究成果概要データベースなど灰色文献を対象とした 25 のデータベースが収録されている。また「科学研究費補助金データベース」により，1986 年以降の科研費による研究者の研究成果や報告書が検索できるようになった。日本でも灰色文献データベースの充実により欧米並の検索環境が整いつつある。

欧米では，灰色文献の電子的手段による入手ルートが確立されてきている。

1861年以降の北米の学位論文を検索・入手することができるProQuest-UMI社の学位論文抄録データベース，英国図書館による全英学位論文サービスEThOSなどである。日本では，納本された1923年以降の博士論文が国立国会図書館関西館で閲覧可能であるとはいえ，著作権の規定により，博士論文の全ページ複写は著作権者（通常は著者本人）の許諾が必要とされてきた。今世紀に入り，国立情報学研究所運営による学術機関リポジトリポータルJAIRO，あるいは国立国会図書館デジタル化資料を通じて一部の学位論文が入手可能となった。灰色文献であるテクニカル・レポートについても，アメリカではNTISサイトから検索・購入が可能であるし，GrayLIT Networkを使用すると，エネルギー省DOE，国防省DDD/DTIC，航空宇宙局NASA，環境保護庁EPAが共同開発した連邦予算により研究開発プロジェクトのテクニカル・レポートを横断検索・電子的手段で入手することができる。

## 4　新聞記事検索

新聞は，とくに社会科学分野の資料として重要なものであり，海外の新聞を含め複数紙購入している図書館は珍しくない。研究で新聞を利用する場合には，過去に遡って記事を調べる必要がある。新聞記事データベースの検索方法には，記事見出し索引検索と全文検索の2つがある。新聞記事データベースの利用は，新聞社に記事の著作権がない場合，データベースには見出しだけで記事全文が収録されないことがあるので，縮刷版との併用を心がけてほしい。新聞記事検索データベースは検索の利便性はよいが記事のイメージがつかみにくい。縮刷版は検索の便は今一つだが，図版を含めたレイアウト等の情報がひと目でわかる（ただし，『産経新聞』には縮刷版がない）。つまり，新聞記事というのは，新聞紙面を見ることによって初めて，その出来事の時代背景と影響度がわかることを頭に入れておいてほしい。

現在では，『朝日新聞』は創刊1879～1989年，『読売新聞』は創刊1874～1989年1月7日まで記事検索即紙面イメージが閲覧できる。また，アメリカの2大紙*New York Time*（創刊1851年）と*Washington Post*（創刊1877年）はともに創刊から現在まで，イギリスの高級紙 *The Times* は 1785 ～ 1985 年まで可能である。

## 5　文献検索の未来

文献検索は，書誌，索引データベースを検索した結果をもとに，書誌→所蔵先→入手，と実際の文献にアクセスするのが基本である。近年では，二次情報データベース，電子ジャーナル，OPAC のボーダレス化が進んでいる。書誌データと電子的な文献をダイレクト，シームレスにリンクするシステムとして OpenURL が考えられている。これを使えば，OPAC の検索結果から有料コンテンツ（電子書籍，電子マガジン，電子ジャーナル），つまり文献検索から所在の識別子 DOI が付与された章・文章，記事，論文そのものへのアクセスが可能となる。検索結果からクリックひとつで雑誌論文を表示させたり，冊子体資料の所蔵状況を検索させたりと，自館で利用できる全文情報へと統合的にナビゲートしてくれるツールをリンクリゾルバという。

■注 ――

1）佐野眞一「新しい価値が創造できなければ電子書籍の普及は難しいだろう」『電子ペーパー・電子書籍ルネサンス』〈http://premium.nikkeibp.co.jp/ebook/〉［Last accessed: 2011.12.31］

2）Subramanyam, K., The evolution of scientific information, *Encyclopedia of Library and Information Science*, M. Dekker, Vol.26, 1979, p.394

3）坂井素思ほか『社会科学入門：社会の総合的理解のために』放送大学教育振興会，1997, pp.64-66

4）宮本光一郎「国内の統計を探す」『専門図書館』No.210, 2004, p.42

5）布川角左衛門ほか編『出版事典』出版ニュース社，1971, p.254

6）河井弘志編『蔵書構成と図書選択（新版）』（図書館員選書 4），日本図書館協会，1992, p.102

7）Lankester, Alex, The Value of Publishers, *Library Connect*, Vol.4, No.2, 2006, p.4

8）ウッドワード，ヘーゼルほか（尾城孝一ほか訳）「電子ジャーナル：神話と真実」『情報の科学と技術』Vol.48, No.5, 1998, p.303

9）倉田敬子「研究発表メディアとしての日本の学術雑誌」『Library and Information Science』No.25, 1987, pp.82-83

10) 日本学術会議，日本学術協力財団，科学技術振興機構『学会名鑑』〈http://gakkai.jst.go.jp/〉［Last accessed:2011.12.31］
11)「学協会著作権ポリシーデータベース」〈http://scpj.tulips.tsukuba.ac.jp/〉［Last accessed:2011.12.31］
12) 市川惇信「学術情報流通の場としてみた学協会：日本学術会議の調査から」『情報の科学と技術』Vol.45, No.8, 1995, pp.370-377
13) 佐野眞一「新しい価値が創造できなければ電子書籍の普及は難しいだろう」『電子ペーパー・電子書籍ルネサンス』〈http://premium.nikkeibp.co.jp/ebook/〉［Last accessed:2011.12.31］
14) 新出「選書補助ツールの開発」『図書館評論』No.52, 2011, pp.72-79
15) Green, J. C., The information explosion: real or imaginary?, *Science*, Vol.144, 1964, pp.646-648
16) 井上真琴『図書館に訊け！』（ちくま新書；486）筑摩書房，2004, p.134

## 考えてみよう・調べてみよう

1. 自分の恩師である教員に対し，（科研費分類による）研究分野と１つの課題解決に要する研究プロセスの期間についてインタビューをしてみよう。
2. 自分と関係の深い図書館を訪問し，和装本，古文書，インキュナブラ・初期刊行本，作家原稿，著名人の書簡，あるいはそれらの複製版の所有の有無を確認してみよう。また複製版が閲覧可能であれば，手に取って中身を確認してみよう。

## 読書案内

上田修一ほか『理工学文献の特色と利用法』勁草書房，1987 年
上田修一・倉田敬子『情報の発生と伝達』勁草書房，1992 年
井上真琴『図書館に訊け！』筑摩書房，2004 年

**第5章**

# 出版流通

「出版と図書館は，一蓮托生の関係にある」[1]。出版と図書館はともに文化を継承・発展させる基礎的な役割を担う。大型書店で山積みされる出版物。ところが図書館がいざ注文すると待てど暮らせど納品されず，しまいには「品切れ重版未定」のため入手不可という摩訶不思議な現象も発生する。出版流通の根幹は，再販制度と流通機構である。しかし，前世紀から出版物の流通形態，および人々の消費形態が大きく変わりつつある。本章は，現在の出版流通の理解を目的としている。

## 第1節　出　版

### 1　出版の定義

出版とは，『出版事典』によれば「文書・図画・写真などの著作物を，印刷術その他の機械的方法によって複製し各種の出版物の形態にまとめ，多数読者に頒布する一連の行為の総称」をいう。また，『最新図書館用語大辞典』によれば，「文字情報などの著作物を出版・複製し社会的に公表すること」をいう。出版（publishing）は，何かを公表する，ことを意味し，編集（edit）には，何かを産み出す，という意味がある。

日本には，現存する世界最古の印刷物「百万塔陀羅尼」が存在する。西暦764年に100万枚印刷され国家安泰を祈願して諸大寺に分け納められたものだが，多数読者への頒布，つまり社会的な公表を目的としたものではないので出版とはいえない。

出版は近代社会あるいは近代国家の成立を前提として成り立つものである。著作物を産み出す著作者とそれを享受する読者というべき集団・大衆が存在しなくてはならない。そしてその両者間には共通言語を認識・理解する識字能力と一定の教育水準，著作物を大量に印刷する技術，遠距離にまで頒布するための郵便事業などの流通システム，著作者に代わって販売を行う代行業者の存在などが必要とされる。その意味で出版は文化のバロメータである。

出版メディアの特徴[2]は，①多品種・少量生産（注：多数出版者により多数作品が製作されるなかで，発行部数の少ない作品が多数を占めること）で，同一商品の反復購入がない。需要予測が難しい，②一冊一冊が独自の価値をもつ創作物。ハードとソフトを兼ね備えた思考型メディア，③価値評価が多様で量より質が尊重される。文化性と商品性をもつパーソナルメディア，④小規模・小資本の自由なメディアであり，免許事業ではない。⑤委託生産（印刷・製本）・委託販売（取次・書店）を基本とする（後述），以上である。

## 2　表現・出版，表現の自由

「ペンは剣よりも強し」といういかにも使い古された言葉がある。これは思想や文学の力は武力よりも大きな力をもつことを意味している。時に，出版は国家権力や公権力にとっては脅威に映ることがあるようだ。そのため幾度となく国家権力による規制（検閲）や販売・頒布を禁止する出版統制が行われている。その一方で出版は国家や政府の支配権力や体制維持，そして行為を正当化する手段として使われてきた。

不幸なことに日本では，国家による出版統制と言論活動の取り締まりや，出版の弾圧が，19 世紀末から半世紀に渡って行われた。戦後その反省に立ち，日本国憲法第 21 条では「言論・出版その他一切の表現の自由」が保障された。これの意味するのは，国家の干渉を受けることなく，自己の思想，主張，信条を自己の自由な判断のもとで表明したり，あるいは事実に関する報道を広く多くの人々に伝達する自由の保障である。

これは，また著作者や出版する側だけでなく，その受け手である国民の知る自由や権利を保障したものでもある。それとともにその両者間に存在する関連業界への自由，流通の自由，販売の自由が保障され，と同時に自由市場経済も約束されたことになる。ただし，自由には責任がともない，権利には義務がともなう。出版の自由が保障されたからといって何をしてもいいわけではない。業界人の行動規範や規則となりうる倫理綱領が業界毎に定められている（表5.1）。

表5.1　出版流通と権利，規範

| | 出版物（本） | 流通名称 | サービス対象 | 保障された権利 | あり方や規範 |
|---|---|---|---|---|---|
| 作者 | 作品 | 著作者 | 読者 | 言論／表現の自由 | |
| 出版社 | 作品／商品 | 版元 | 読者 | 出版の自由 | 出版倫理綱領／雑誌編集倫理綱領 |
| 取次会社 | 商品（書籍） | 卸売問屋 | 読者／顧客 | 流通の自由 | 出版物取次倫理綱領 |
| 書店 | 商品（書籍） | 小売店 | 顧客 | 販売の自由 | 出版販売倫理綱領 |
| 図書館 | 資料（図書） | | 利用者 | 収集する自由 | 図書館員の倫理綱領 |

## 第2節　出版流通システム

### 1　日本の出版市場規模

『出版年鑑』（2011年版）によれば，わが国の2011年の出版点数は30年前の約2.6倍，20年前の1.8倍，10年前の約1.1倍の約7万8354点で，毎日約215点の書籍が出版されていることになる。これは中国，アメリカ，イギリス，ロシア，ドイツにつぐ数字[3]であり，わが国は出版大国のひとつといって差し支えないだろう。その一方で，輸入大国でもあり，輸入された外国書の約75％は大学に収容されていく[4]。現在入手できる書籍を網羅したWebデータベースBooks.or.jp（2011年末現在）によれば，日本で流通している，いわゆる書店で入手できる書籍は約90万点である。永江[5]によれば，これら全点を揃えた書店をつくろうとしたら約2千坪（6600㎡）の広さが必要だとしている。ただし，7万9千点という数字は商業出版された書籍の合計であり，非商業出版物を加えると実際の出版点数はもっと多いことになる。その一方で，毎年4～

5万点が絶版になっているという[6]。

2009年の出版業界の実売総金額（総売上額）は，2兆409億円（前年比4.1％減）である。書籍は9千億円（前年比4.4％減），雑誌はそれぞれ1兆1千億円（前年比4％減）となっている。2005年に始まった減少傾向に歯止めがかからず，2010年は総売上額1兆9750億円（書籍8830億円，雑誌1兆919億円）と再び前年割れ（3.2％減）となり，1988年当時の水準に逆戻りしている。書籍の総売上が小刻みな増減を繰り返しているのに対し，雑誌は13年連続で減少し続けている[7]。深刻化する出版不況の要因としてあげられているのは，消費需要低迷，少子化・高齢化による潜在的読者減少のほか，①読書離れ，②情報摂取方法の多様化の影響による書籍購入費減少，③蔵書欲の減退と読書スタイルの変化，④新型古書店，マンガ喫茶などの2次流通市場の出現，⑤図書館における新刊本の購入・閲覧利用の増加[8]，である。

出版業界は2兆円産業である。スケール比較を行ってみよう。トヨタ自動車ただ一社の2011年度の総売上高は約19兆円[9]，2010年度実売金額首位の集英社の10年の総売上1304億円，次点の講談社1223億円[10]，2007年度の日本の図書館（公共図書館及び大学図書館）の資料購入費すべての合計が1025億円である。2007年度の書籍と雑誌を合わせた実売総金額に占める図書館の比率は4.66％，書籍のそれに占める図書館の比率は5.01％程度[11]であり，図書館は有力な出版市場となっているとは言いがたい。

## 2　出版流通のルート

出版流通とは，執筆者が自分の思想または感情を創造的に表現した作品を書いて出版物ができるまでの工程とそれが読者の手に渡るまでの関係・流れをいう。その出版流通を構成するのは，出版社（版元），販売会社（取次），書店（小売店）の三者で，これを出版業界三者と呼ぶ。また，関連業界として印刷業や製本業などがある。出版物が発行・販売されるまでには，企画・編集者，製作者，取材者，カメラマン，DTP製作者，デザイナー，校正者，宣伝担当，営業担当など，さまざまな人々がかかわる。

日本には，出版社から読者に出版物が届くまでの出版流通経路は数多く存在する。出版物は，書店やコンビニエンスストア以外にも，商店・酒屋の店頭スタンド（スタンドルート），生協（生協ルート），駅売店（キヨスクルート），インターネットルート（ネット書店など）などさまざまな場所で入手できる。そのなかでも出版社から取次会社を経由して書店に届けられる「書店ルート」が基本で，出版流通の約72.7％を占めている。また，コンビニエンスストアによる雑誌，コミック，文庫を販売する「CVSルート」は14.8％を，また，インターネットルートは6.7％を占め，この3ルートで出版流通の9割以上を占めている[12)]。「出版社→取次→書店→読者」という書店ルートは，そのシェアから「正常ルート」と呼ばれることもある。

ところで，これまでの出版流通は商品が読者に渡った時点で終了と考えられていたが，「読者→新古書店→読者」，あるいは「マンガ喫茶→読者」，というルートが既存書店の売上に影響を与えるということから，これらを書籍の二次流通と呼ぶことがある。また図書館の貸出しも，たとえば50冊同じ本（複本という）を図書館が所蔵し，それらが100回貸し出されれば，それだけで5000部売れたのと同じことになり，すなわち5000部の販売機会を失ったことになる，という根拠から，二次流通とみなす出版関係者も存在する。

## 3　出版流通のプレイヤーたち

出版物を流通させるには代価がかかる。これは出版物の定価に含まれており，取次会社が8％，書店が22％のマージンを取る[13)]。そのマージンがあるおかげで取次や書店は営業を続けることができる。逆にいえば，流通費用さえ負担すれば，自費出版物であっても全国に流通させることができるのである。

ここで，出版流通のプレイヤーたちを簡単に説明しておく。面白いのは，出版流通の段階で，サービス対象者の呼び名や出版物としての本の名称が異なってくることである（表5.1参照）。

### ⑴ 出版社

『出版年鑑』(2011年版) によれば，日本の出版社は3815社で，そのなかの約76%の2920社が東京に集中し，残りは地方出版社である。資本金1億円以上，従業員数1千名以上の大企業も存在するが，大半は資本金に恵まれず従業員数10名以下の中小零細企業である[14)]。

出版は企画力と編集力および製作ノウハウがあれば経営者1人でも，またきわめて少ない資本でも経営することができる業種である[15)]。たとえば，大ベストセラーとなった「ハリー・ポッター・シリーズ」を出版した静山社は，シリーズ出版当時は数人の小出版社であったし，オーストラリア人作家エルフリーデ・イェリネクの作品をノーベル文学賞受賞前からすでに翻訳出版していた鳥影社は長野県諏訪市の地方出版社である。出版社は書籍の売上げにより新しい書き手を育て，また新たな作品を産み出す創造のサイクルが維持されている。中には取次経由，書店流通機能などの付加価値をつけて，素人以上作家未満の書き手たちの自費出版を手掛け出版点数と売上を伸ばしている出版社もある。

「既に知られている本ほど売れやすい」[16)] という法則通り，知られるために，有力出版社は新聞，テレビ，ラジオなど他メディアまでも総動員して宣伝を行ってきた。また知られた本にあやかった類書も数多く出版される。最近では，商品を手に取ってもらうために装丁が重視されている[17)]。『出版年鑑』(2011年版) によれば，2010年の書籍出版点数は，上位5社で6723点 (8.7%)，上位10社で1万367点 (13.2%) を占め，書籍その他を含んだ全売上は，上位5社で21.3%，上位50社で51.5%を占めている[18)]。

### ⑵ 取次会社 (取次)

取次会社 (以後，「取次」という) とは，メーカーである出版社と小売店である書店の間にあって，ちょうど卸売問屋に相当する。取次によって，出版物は全国津々浦々の書店に配本される。『出版事典』によれば，「出版物の特殊性により卸す機能よりも取次ぐ機能が根本的に強かった」ため問屋ではなく取次会社と呼ばれている。取次は出版社に対しての販売機関であり，書店に対しての仕入機関である。日本の出版流通では，どのような出版物を，どの書店にどれだけの量を取次ぐのかは事実上，取次会社の裁量に任されている。取次が扱わないものは，「取次不扱い」となる。日本では，全書籍の約7割，全雑誌の約9割が取次経由といわれている[19]。

日本の取次業務は，過去から現在まで，寡占および独占状態になる傾向がある。戦前は，東京堂，東海堂，北稜館，大東館の4社，戦中はその4社を統合した日配の1社が取次業務を独占した。戦後は日本出版取次協会加盟の大取次である，トーハン，日本出版販売（日販），大阪屋，中央社，日教販，太洋社，栗田出版販売，を中心に発展し，なかでもトーハンと日販の2社が扱い高の8割近くを占めている[20]。

### (3) 書　店

流通の小売店に相当する。古本屋ではなく新刊販売を行う本屋さんを意味する。書店の成否は立地が大きくかかわり，駅前，駅ビル内，商店街，住宅地，幹線道路沿いの郊外（ロードサイド）が出店場所に選ばれている。

書店と図書館にはかなりの類似点がある。読者（図書館では利用者）と書籍（図書館では図書・資料）を結ぶ役割と，地域社会の情報発信基地の役割の2点である。全国の書店数は2011年5月現在で約1万5061店（10年前より約28%減少）[21]，公共図書館総数は約3188館[22]である。福嶋[23]は，書店の優位性を「情報の新しさ」と「棚づくり」，図書館の優位性を「保存」とし，両者には相補性があると指摘している。各種の読書世論調査結果によれば，大半の人々が最初に書籍に触れる場所は書店であり，図書館を選択する人は少数にしかすぎない現実[24]もあり，読者にとって第一の出版インフラは書店である。

都市部では当り前の風景であっても，日本全体に目を向けると，書店も図書館もない町村が確かに存在する[25]。こうした書店のない空白地帯へ読書機能を提供しようと，出版文化産業振興財団（JPIC）は地域読書環境整備事業を行っている。その一方で，1996年から毎年約1千店前後の書店が経営難により転廃業している。2010年は転廃業店892に対し，新規店270である。その新規店は大型化する傾向があった[26)]。書店の大型化のメリットは，町の小規模書店には並ばない中小出版社発行の書籍も手に取って見られることにある。しかし，転廃業によって小規模書店が消えるということは書籍との出会いの場を少なくしているということでもある。2005年の「全国小売書店経営実態調査」[27)]では，9割近くの書店が経営状態の悪化傾向にあると回答し，その原因として客数の減少，大型店の出店をあげている。また，書籍と雑誌の売上比率で，雑誌が6割以上を占める書店が約65%と，コンビニエンスストアとの競合を強いられている。書店の生き残り策として，4割以上の書店が「地域密着」をあげている。

## 4　地方・小出版の現況

地方出版や小規模出版の流通の保障を目的に開業した地方・小出版流通センターは，2010年4月に開業35周年を迎えた。同センターは，「取次不扱い」になった出版物を流通させる。このセンターの設立は，1975年秋に東京都東村山市立図書館が開催した「地方出版物展示会」が契機となっており，図書館が出版流通業界を動かしたひとつの例として永遠に語り継がれるべきものだろう。

センター加入出版社は，2010年末現在で，東京510社，地方564社の合計1074社となっている。年間2，3千点前後が出版され，2010年の総出版点数は3126点であり，分野別では文学・語学の801点に続き，以下社会778点，歴史・地理550点と続いている[28)]。

30年間の地方出版の傾向は，三世代に分けることができる。地域の文学や郷土史などの比較的地味な硬めの本を中心に出版した第一世代，芸術・趣味・実用・ガイド・全集・写真集など総合出版化した第二世代，そして両世代を土台に多様なジャンルの本を地域向けだけでなく全国発信した第三世代である[29)]。出版情報誌として『アクセス』が発行されている。

## 5　学術出版

中陣[30)]によれば，学術書・専門書を発行する学術出版者には大学出版部，大手商業出版社の専門学術出版の部署，中堅専門出版社，および「隙間出版」としての専門職集団と学術団体，の4つのタイプが存在する。武者小路の調査[31]によれば，研究成果である「オリジナルな研究を発表している図書」，いわゆる学術図書の出版者を学会，大学出版部，商業出版社と想定していたが，調査の結果，政府や民間の研究所の出版物，および個人による自費出版物としても出版されており，発行点数は商業出版社，ついで政府や民間の研究機関の手によるものが多かった，と報告している。

学術書，専門書は一般書とは異なり版組みの複雑さなど製作の過程で低コストは期待できない。需要も特定の専門分野に興味をもつ研究者，読者，図書館などに限られる。発行点数は商業出版物としての専門書に，教養書を加えたとしても1万点前後（表5.2参照）にしかすぎず，1点当たりの売上げは，ふつう3000部未満で，多くは1000部未満である[32]。

専門書の刊行実態を知るには，研究領域別に刊行される，『国語・国文学図書総目録』，『女性問題図書総目録』や『医学書総目録』などを見てほしい。

出版事業は，出版物を商品として流通させ利益をあげることを最優先する営利事業として行われる一方で，人々（読者）の読書に対して，その素材を提供する社会的，文化的役割，いわば公共的な性格ももち合わせており，出版流通を単なる「物」の流通と見るのか，あるいは「知識」と「情報」の流通と見るかで，その見方は大きく変わってくる。

## 第3節　出版流通システムとその問題点

### 1　書店ルート

日本の書籍の流通機構は，雑誌の配本を中心に発達し，大量の雑誌配本と新刊書の配本を全国一斉に早く安く配送することができる配送システムを確立している。「出版社－取次－書店－読者」，いわゆる書店ルートをもう少し突き詰めてみることにしよう。

出版社の約8割は東京にある。出版社約4千社から1年間に発行される7万点以上の書籍と約4千点に達する雑誌の発行部数は合計47億部以上[33]。これらはわずか30数社の取次に集められ，書店規模と地域性であらかじめ決めたパターンで東京から全国津々浦々の約1万5000の書店へ放射線状に流れていく。大手取次の2009年3月時点の1日の取扱量は，書籍100万冊と補充注文・客注125万冊，および雑誌444万冊に及ぶ[34]という。この流通の様子を一言で言い表すならば砂時計のようにも見えるかもしれない。砂が落ち切る直前・直後に注文すると「品切れ重版未定」という現象が起こる。

永江が指摘した「出版流通システムを主軸に考えると，出版社は取次の製造部門であり，書店は取次の販売部門である」[35]もあながち冗談ではない。この流通におけるマージン（手数料）は，取次8%，書店22%と設定されており，書籍の価格にあらかじめ組み込まれている[36]。この物流は一方通行ではなく，逆の流れもある。返本である。

## 2　委託販売制度と再販売価格維持制度

返本はなぜ可能なのか。これは，出版業界独特の商習慣による。その根幹となるのが委託販売制度（委託制度）と再販売価格維持制度（再販制度）である。

委託制度とは，出版社が取次を通じて書店に出版物の販売を返品条件付で委託する販売方法である。書籍は岩波書店のように返品不可の買切制の場合もあるが，この制度では，たとえば新刊委託の場合，新刊書120日間，月刊誌60日間，週刊誌40日間は取次に返品可能である。簡単にいえば，書店では仕入れた商品を一定期間内であれば再び取次を通して出版社に返品可能であり，返本制度ともいう。出版社のメリットは出版社が市場や書店の動向を把握しなくても商品を流通させることができる[37]ことである。書店にとってのメリットは，返品可能なことから在庫管理を考えなくてもよいことである。このシステムは日本独特のもので，海外では書店の買切が原則であり，取次は出版流通を補完する役割を担う国もある。また，書籍と雑誌の流通も別である[38]。

物の価格とは，需要と供給が一致したときに成立する価格，いわゆる市場原理で決定されるが，書籍と雑誌はこれには当てはまらない。出版社－取次，取次－書店間で再販売価格維持契約を結ぶことにより，定価販売が可能になる。つまり，地域や読者によって異なる価格をつけたり，定価を割り引いたりすることが禁じられている。日本全国どこでも流通経費と無関係に同一価格で購入することができる。これが再販制度である。再販商品は書籍のほかに，雑誌，新聞，レコード，音楽用テープ，音楽用CDがある。ただし外国書籍の洋書はその範疇から除外され安売り可能である。

面白い新聞記事がある。1984年11月9日付の『朝日新聞』の1面見出しは，「返本洪水」と，2005年3月7日付の『日経流通新聞』の1面見出しは，「返本洪水をせき止めろ」である。これらは日付を伏せれば同じ時期の新聞記事にも見えるが，両者には20年間の隔たりがある。書籍の返本率は1976年以降平均30～40%，雑誌の返本率は2000年以降30%以上で推移しており[39]，返本は出版不況よりはむしろ出版業界内の取引に起因する問題ととらえるべきであろう。

委託制度と再販制度のメリットとデメリットは，有識者たちによって指摘され，なかでも再販制度自体の廃止も検討されたが，2001年3月に，公正取引委員会が当面，存続させるという結論を出した。廃止された場合，価格は市場原理で決定される。定価からの値引きもあるが，値上げも考えられ地域・書店によっては価格のばらつきが発生するであろう。健全な民主主義の発展に深くかかわる「知る権利」という面から，文化の享受の格差が発生する可能性もある。

## 3　客注問題

書店を通じた客からの注文を客注という。東京都書店商業組合青年部の新流通問題研究会が1998年に行った客注品流通実態調査[40]によれば，店頭にない書籍を客が書店に注文してから実際に届くまでの日数は，3日以内5.5%，7日以内28.5%，2週間以内82.5%，15日以上17.5%となっており，都内書店の場合，客注品の入荷までに平均で8.2日要していることがわかった。2005年の「全国小売書店経営実態調査」[41]では，客注品の入荷状況について，過半数の書店が「入荷するが遅い」，4割以上の書店が「入荷日が不正確」と答えているが，規模が151坪（約500m$^2$）以上の書店は「正確に早く注文通り入荷する」と回答している。

## 4　配本問題

ここで書籍の販売対象別の初版（初刷）の平均発行部数を見てほしい（表5.2）。実はこの発行部数では，全国の書店すべてに初刷の書籍が配本されるのは不可能である。大手取次は，「配本の地域差はない」[42]と主張するが，どうしても人気新刊書は町村部の書店では入手しにくくなる。象徴的なのは，渡辺淳一の『失楽園』（講談社，1997）の初版25万部が配本された書店がたったの3100書店だったという事実である[43]。中には人気新刊書を「全国500書店以外には配本しない」[44]と公言する出版者も出現している。2005年の「全国小売書店経営実態調査」[45]では，4割以上の書店が，書店マージンの拡大，客注品の迅速確実化，出版物再販制の擁護，適正配本の改善を要望している。つまり，中小書店にとっては，売りたい本，売れる本を売りたいときに売れる状態ではないことを意味している。

**表5.2　販売対象別新刊点数**

| 販売対象 | 1985年 | 1990年 | 1995年 | 2000年 | 2005年 | 2007年 | 2008年 | 2009年 | 2010年 |
|---|---|---|---|---|---|---|---|---|---|
| 発行全点数 | 35,920 | 38,680 | 61,302 | 67,522 | 76,528 | 77,417 | 76,322 | 78,555 | 74,714 |
| 平均発行部数（部） | 8,933 | 8,867 | 6,888 | 6,191 | 5,200 | 5,219 | 5,206 | 4,914 | 4,935 |
| 平均価格（円） | 927 | 947 | 1,103 | 1,188 | 1,191 | 1,152 | 1,170 | 1,146 | 1,126 |
| 一　般　書（点） | 17,849 | 17,424 | 31,816 | 38,747 | 41,623 | 41,269 | 41,082 | 42,450 | 40,143 |
| 平均発行部数（部） | 13,032 | 15,100 | 10,091 | 8,085 | 6,661 | 6,948 | 6,903 | 6,570 | 6,741 |
| 平均価格（円） | 806 | 798 | 986 | 1,070 | 1,045 | 979 | 992 | 973 | 960 |
| 専　門　書（点） | 6,642 | 6,939 | 9,407 | 7,421 | 10,037 | 10,836 | 10,968 | 11,416 | 10,953 |
| 平均発行部数（部） | 1,357 | 1,101 | 660 | 621 | 630 | 623 | 643 | 621 | 630 |
| 平均価格（円） | 4,154 | 4,010 | 5,172 | 5,127 | 4,921 | 4,984 | 4,647 | 4,631 | 4,492 |
| 教　養　書（点） | 989 | 1,320 | 1,347 | 1,406 | 1,344 | 3,007 | 2,735 | 2,812 | 2,567 |
| 実　用　書（点） | 3,977 | 6,953 | 11,563 | 12,785 | 14,473 | 1,494 | 1,521 | 1,494 | 1,452 |

（出所）『出版指標年報』の各年版より作成

（注）発行全点数については，『出版年鑑』とは算出方法が異なる（取次ルートのみ）ため違う数字となっている

## 5　負のスパイラル

本が売れないのであれば，出版社は返品を防ぎ，売上アップと1点1点の寿命を延ばすために，需要と供給のバランスを目的とした企画の厳選（出版点数）や総発行量（発行部数）の抑制が行われるはずだが，必ずしもそうはなっていない。発行部数は減っているが，出版点数は増えている。これはどう説明すればいいか。発行部数を減らした場合，結果として前年並みの売上高を確保するために，出版点数を増やすことになる。出版点数の増加は，出版流通のいろいろな面に影響を与える。書店の書棚飽和，出版物の短命化，返品率の上昇，一部の話題本への傾注，取次不扱いの増加，客注対応の劣化，満たされぬ読書需要と，負のスパイラルを誘引する[46)]。永江はこれを「増大する出版点数 × 上昇する返品＝本屋さんに本がない」[47)]と表現している。

## 6　出版流通の標準化

### (1) 日本図書コード

出版流通の過程において，書籍は「日本図書コード」，雑誌は「定期刊行物コード（雑誌）」によって管理されている。日本図書コードは，13桁の番号からなる国際規格で，① ISBN（国際標準図書番号），②分類コードと価格コード，③書籍 JAN コード上段，④書籍 JAN コード下段，からなる。分類コードは第1章第3節で取り上げた販売対象コード，発行形態コード，および内容コードからなる。

ISBN は2007年より10桁から13桁に変更される。過去に出版されたもののなかには，下記のように10桁と13桁が併用されて表記されているものもある。

① ISBN10:0-268-04023-0

② ISBN13:978-0-268-04023-9

②の978は固定の EAN 書籍出版業コードである。0は国記号（日本は4），268は出版者記号，04023は書名記号，末尾の数字9（①は0）はチェック数字である。ISBN は，ユニークキーとして図書館の蔵書検索でも利用される。

### ⑵ RFIDタグ（ICタグ）

本の題名や認識番号を入れたICチップの荷札（タグ）のことである。ICタグは電波を発し1～2cmの範囲であれば受信機で認識できる。出版業界では，これを国内で出版されるすべての書籍の背表紙などに埋め込み，物流の効率化，在庫管理の適正化，万引き防止に活用することを考えている。RFIDの身近な例は，JR東日本のSuicaカードやJR西日本のIcocaカードである。

### ⑶ 日本出版インフラセンター

日本出版インフラセンターでは，返本と流通の効率化をめざして，出版社と取次（新出版ネットワーク，出版物流センター），取次と書店（POS），図書館（総合目録），有志団体などが独自の路線で行ってきたPOSデータ管理，販売管理システム，書誌データ整備などの基盤整備をまとめて行う[48]その第1歩として，2011年に書店向けの紙媒体の近刊書誌情報の集配信の中心基地となるJPO近刊情報センターが稼働した。しかし，大手の出版社や取次主導のもと流通の合理化が行われるならば，中小・零細出版社の取引条件の悪化が促進され，高コストになってしまう可能性がある。

## 7　オンライン書店と電子書籍

情報通信技術を用いた新ビジネスモデルとして，①オンライン書店，②オンデマンド出版，③電子出版物の刊行，が前世紀末から注目を浴びるようになった。市場規模も大きくはない。オンライン書店（インターネットルート）は流通ルート全体の6.7%，2010年の紙書籍は1兆円市場に対しケータイコミックを含む電子書籍の市場は574億円（米国の市場は166億円）[49]と市場規模は大きくないが，新しい動きとして注目したい。

①のオンライン書店とは，ウェブ上で出版物を発注・購入可能にするオンライン書店は，個々の顧客の購買履歴をもち，利用者と双方向コミュニケーションが可能なセキュリティに十分配慮した24時間営業の個人・客注対応型書店である。実店舗では，店頭に陳列可能な出版物（商

品）に限りがあるし，管理コストもかかる。オンライン書店ではデータベースに登録してしまえば，実店舗で人目に触れなくなった商品であっても，低コストで陳列することができる利点がある。商品供給を取次に依存するならば，旧ビジネスモデルとの差異はないが，家にいながら本が届くのは読者にとって魅力である。

②のオンデマンド出版とは，絶版本の入手や少部数の専門書の出版を円滑に進める手段として，顧客の要求によって，出版社，取次会社や印刷会社が，デジタルコンテンツを直接的に紙に印刷し納品するものである。

③電子出版物の刊行は，書籍・雑誌をインターネット経由の電子媒体で提供するデジタル出版（電子書籍）を行う取組みである。この電子書籍は再販制度から除外されているため値引き販売が可能である。米国では2011年5月に，オンライン書店最大手のアマゾンドットコム（アマゾン）の電子書籍販売冊数が，紙書籍のそれを超えたとの報告がなされた[50]。そしてアマゾン日本法人は2011年末にも日本での電子書籍販売を開始するとの報道もあったが，大手出版社との協議が不調に終わり，十分な点数を準備できないため延期された[51]。

日本の電子書籍普及には，乱立する閲読専用デバイス，ベンダー（複数出版社の代行供給業者）毎にコンテンツ提供に対応する縦書きを含むデータフォーマット等の標準化と出版点数の増加が不可欠である。品揃えへの不満を解消するため，大手出版社の新潮社と講談社は，著者から許諾が得られた紙と電子の両書籍を同時に出版する体制を整備した。また，電子書籍市場の拡大を目指す出版デジタル機構が，2012年4月に大手出版社，大手印刷会社などからの20億円の出資，そして官民ファンドの産業革新機構から150億円の出資を得て設立され，5年以内に書籍100万点の電子化を行うことになった。

業界全体を考えると，紙書籍の出版流通上の問題をクリアにした上で著作権者の経済的権利，配信により流通から排除される可能性がある取次や書店に十分に配慮したビジネスモデルが整備される必要がある。

### 8　低下する雑誌の地位

電通「2010年日本の広告費」[52]の媒体別順位は，1位テレビ（1兆7321億円），2位インターネット（7747億円），3位新聞（6396億円），4位雑誌（2733億円），であった。インターネットのみ上昇傾向があるのに対し，それ以外は毎年下降傾向にある。特に商業流通する一般雑誌の生命線は情報の鮮度，広告掲載費および購読料による収入である。しかし，インターネットの普及によって，情報伝達スピードの更なる加速化と書籍や雑誌に掲載されるべき情報の無料化が進行しつつある。さらに，フリーペーパーとフリーマガジンのように，編集・制作，印刷費などのコストが広告代で賄われることで，読者に無料配布される無料情報誌もある。情報の無料化が進行する一方で，雑誌に対する人々の相対的価値の順位の低下が起こっている。これまで有料雑誌に掲載されてきた地域・地元の広告がフリーペーパーに流れてしまうならば，既存誌媒体のビジネスモデルの再考が必要である。

## 第4節　図書館と出版流通

### 1　図書館流通システム

書籍は取次経由で出版社に返本される。再出荷されないものは課税対象となり不良在庫となる。出版社はそれを避けるため書籍を処分し絶版とする。書籍の寿命は増刷が期待できず短命化の傾向にある。つまり，ロングセラー以外の本の絶版が早くなっている。そうなると出版された時点で購入しなければならない。

図書館は近隣の書店に書籍と雑誌の注文を出し，資料の購入を行うが，その前段階である取次から書籍を確保するシステムがある。この場合，発行部数の減少から新刊書籍の確保をめぐって図書館と中小書店（と読者）の間に競合関係が生まれるのは確かである。大手取次が1970年代半ばに開発した図書館流通システムは，次の三本柱からなる[53]。

① 現品を見て図書購入ができる「新刊見計らいシステム」

② 出版情報を週刊で刊行する「新刊情報誌」の提供

③ 新刊全点について書誌情報を印刷した「基本カード」の無料提供

現在では③は有料のMARC（MAchine Readable Catalog）データとなっているものの大きな変更点はない。また，背ラベルやブックポケットなど貸出用の装備を付けた図書の納品も行われている。MARCデータとは書誌情報であり，これを図書館システムに取り込むことで蔵書管理や検索等が可能になる。

1958年の公正取引委員会指導による再販維持契約書に盛りこまれた図書館入札制度により，自治体の設置する図書館（即ち公共図書館）では入札による割引価格での納入が常態化しているといわれている[54)]。入札の結果，地域の中小書店から大都市部の大手チェーン書店や図書館専門流通業者に取引先が切り替わる例もある。この場合，公共図書館の効率的運営（経費節減，資料確保）と公共性（自治体税収，地域貢献・共存）の間に対立軸が生まれる。出版業界から異論が出始めている[55)]が，皆さんはこの問題をどう考えるだろうか。

## 2　図書館と著作権の関係

著作者，出版者，図書館，および読者の関係を図5.1のように表す。

図書館活動に資する大部分の著作物が，著作権保護の対象になる可能性がある。

図書館サービスのひとつに資料の「貸出し」がある。公共図書館が利用者に

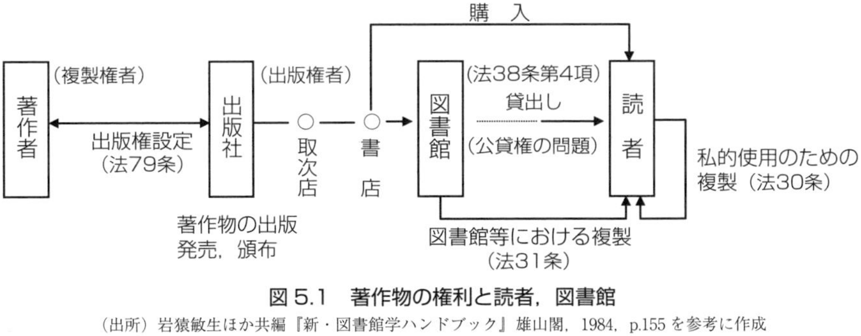


**図5.1　著作物の権利と読者，図書館**

（出所）岩猿敏生ほか共編『新・図書館学ハンドブック』雄山閣，1984，p.155を参考に作成

無料で貸出しできる根拠とされるのは，『図書館法』第17条の「公立図書館は，入館料その他図書館資料の利用に対するいかなる対価をも徴収してはならない」という条文による。ただし，この条文があるからといって無制限に貸出しが許可されるわけではなく，著作権法を遵守したうえでの運用となる。

2004年6月に一部改正された著作権法により，「書籍及び雑誌の貸与」には貸与権が及ぶこととなり原則として貸出しには著作権者の許諾を得ることが必要となった。ただし，第38条4項で，①営利を目的としない，②利用者から料金を徴収しない，という2つの要件を満たしていれば自由に貸出しが可能である。つまり図書館は従来通りの貸出しが可能である。録音資料（CD）の貸出しもこれに準じる扱いである。

映像資料のなかの映画資料は著作権法第38条5項で，貸出利用のための補償金を支払うなどの許諾手続きを行うことで館種を問わず貸与が可能である。ただし，貸出利用はオリジナルが原則である。全国の公共図書館における視聴覚資料（録音資料と映像資料）の2008年度の貸出数は，図書を含めた貸出総数の6.7%を占めている[56]。

この貸出しで問題となるのは著作者の権利である。図書館で読まれ，買われなかったその本は増刷されず，著者には当然として本の印税，つまり「著作権料」が入らないことになる。公共貸出権（公共貸与権，公貸権とも）とは，公共図書館が資料を利用者へ無料提供する権利を認める一方で，著作権者への補償を国レベルで整えるものである。1946年のデンマーク以後，欧州を中心に現在20を越える国がこの制度を導入している[57]。導入には補償金の財源，算出方法の制度整備だけでなく，それによって図書館活動が制限され，利用者が受ける影響も問題となる。先の映画資料の例をもって公貸権がすでに日本で導入されているという主張もある[58]が，実施国では国もしくは地方自治体が支払うのであり，貸出サービスの実施館が直接支払っている日本の状況を考えると，この主張には無理があると思われる。

著作権法第1条「文化的所産の公正な利用」，及び同第31条中の，「図書館利用者の調査，研究用の複製」「公表された著作物の一部分の複製」「図書館利用者1人につき1部の提供」「図書館資料の保存のため及び入手困難な図書館資料の保存」などの場合に限り著作権者の許諾なしに複製できる，としている。ただし，録音資料と映像資料の複製はメディア変換に当たるので著作権者の許可が必要である。

インターネット画面のプリントアウトサービスは可能か否か，他館から借りた資料は複写できるのか否か，図書館と著作権をめぐる問題は多い。他館から借り受けた資料は，大学図書館のように当事者協議による同意，絶版，市場流通していない入手困難な図書，かつ蔵書構成方針（第7章第1節参照）の観点から著しく例外的な場合についてのみ，著作の一部分を複写できる。

### 3　出版流通の理解のために

出版科学研究所の『ニュースの索引』は，主要新聞（全国紙5紙，東京新聞）と専門紙（日経産業，日経流通，日刊工業新聞）に掲載された出版関連記事を，出版傾向，企画，出版チャンネル，本とその周辺（図書館関連含む），読書推進，海外，マルチメディア，データファイル，読書案内で分類し，そのまま収録した月刊切り抜き情報誌である。出版業界のトレンドを知るには最適の雑誌である。また，出版統計には，出版ニュース社の『出版年鑑』（年刊）と全国出版協会出版科学研究所の取次流通を中心とする『出版指標年報』（年刊）がある。

## 第5節　読者と出版

毎日新聞が行った1971年の読書世論調査によれば96％もの人が「本を読むことは大切だ」と答えている[59)]。竹内[60)]は本を読むことを「あらゆる属性を通じて変らない。まさに日本人全体に定着しきった価値観」としている。購入（書店，古書店）と借用（友人，貸本屋，図書館）は読書スタイルの中心である。購入先にはオンライン書店，新古書店，電子書籍書店，一方借用先には時限付きレンタルブック，電子書籍書店が加わり，入手先は多様化している。

## 表 5.3　読書世論調査の新聞見出し

| 西暦 | 元号 | 読売新聞 | 毎日新聞 |
|---|---|---|---|
| 1966 | 昭和 41 | 現代人の読書新地図　日本文学，実用書が筆頭 | 30 代はよく読む　仕事，勉強には欠かせぬ |
| 1967 | 昭和 42 | 現代人と読書　日本文学，歴史に集中 | 上位に「青洲の妻」　ハウ・ツウもの初めて進出 |
| 1968 | 昭和 43 | 「情報社会」の現代人と読書　普及する実用百科　深い思考まだまだ | 読書率 73 パーセント　上昇続く　40 歳を過ぎるとガクン |
| 1969 | 昭和 44 | 新時代うつして変わる読書地図　情報求め実用主義　読む時間減る傾向 | コンピュータ時代の傾向　男は五人に一人「読む」 |
| 1970 | 昭和 45 | 情報あふれる現代　進む「選択の読書」 | 多様化時代の傾向をさぐる　「人間の条件」がトップ |
| 1971 | 昭和 46 | 生活の幅を広げる　多様化時代の読書 | あなたも読んでますか？　平均的日本人の読書生活 |
| 1972 | 昭和 47 | 読書にも豊かさを求めて　男は仕事，女は生活もの | 「問題提起」に飛びつく「行動する人」は読書家 |
| 1973 | 昭和 48 | 余暇と公害時代の読書　「読まない」人 20%も | 「幅広い行動」派は読書家　「現代の不安」に強い関心 |
| 1974 | 昭和 49 | 実施せず | 生き方を求めて　時代の意味探る |
| 1975 | 昭和 50 | 実施せず | 時代とともに変わる精神のかて |
| 1976 | 昭和 51 | 実施せず | 補い合う活字と電波　多様化する読書生活 |
| 1977 | 昭和 52 | 実施せず | 映像化が人気に拍車　進む若者の「本離れ」 |
| 1978 | 昭和 53 | 「活字離れ」むしろ年配者に　主流は趣味・娯楽 | また伸びた「映像化作品」　読書時間＝1 日 38 分 |
| 1979 | 昭和 54 | 「活字離れ」四十代半ばに | めだつ「映像本」後退　「読書回帰」に明るさ |
| 1980 | 昭和 55 | いぜん根強い文庫本，実用書　六割以上が「月一冊は読む」 | 「本の復権」さらに進む　ヤングは依然「雑誌派」 |
| 1981 | 昭和 56 | 学生層の読書欲は盛ん　全体では本離れの傾向進む | 気を吐く「タレント本」「雑誌離れ」さらに進む |
| 1982 | 昭和 57 | 「月 2 冊読む」が最も多い | 文芸作品後退し多様化　本代支出に低成長の影 |
| 1983 | 昭和 58 | 多い「月二冊買い，読む」 | 「現代作品」に圧倒的人気　マンガ王座にもカゲリ |
| 1984 | 昭和 59 | 再び文庫本人気　低迷の思想書も上向きそう | 映像化本を中心に　目立つ書籍の人気 |
| 1985 | 昭和 60 | もっと本を読みたい 64%　満たされない欲求 | なかった目玉商品　「活字」再び沈下気味 |
| 1986 | 昭和 61 | 本離れ　40 歳代後半から | 新刊書にヒット乏しく　「活字離れ」から回復見えず |
| 1987 | 昭和 62 | 読書の「時短」一段と　高年層の方が活字離れ | 「教養のため」から「娯楽」へ　本の世界も「軽チャー時代」 |
| 1988 | 昭和 63 | 一番読んだのは雑誌　読みたい本は実用書 | 読書も「女性の時代」　知識，情報にどん欲 |
| 1989 | 平成元 | 本離れの中，若年層健闘 | 好まれるマンガ感覚　軽タッチの文芸書に人気 |
| 1990 | 平成 2 | 本を読まない層増える　冊数，時間も減少傾向 | 「軽チャー」人気の文庫本　読まれる「現代小説」「推理」 |
| 1991 | 平成 3 | 活字に「知識」「生き方」求め…「読まない」は 28% | テーマもさまざまに　広がるマンガ読者層 |
| 1992 | 平成 4 | 教養より実利求める現代人「全く読まない」は減る | ますます「軽読書」傾向　「電子出版物」も登場 |
| 1993 | 平成 5 | 経済，恋愛，歴史…多様な選択　若い世代ほど敏感 | 活字離れが進むが…「本」への思い　なお |
| 1994 | 平成 6 | 活字離れ　より顕著に「全く読まない」33% | ページめくれば　新たなときめき |
| 1995 | 平成 7 | 情報化で「雑誌人気」高く「書籍離れ」は一段と | 若者　コミック人気不動　文字ばかりイヤッ |
| 1996 | 平成 8 | 「本離れ」止まらず　「読まない」20 代，10 年で倍増 | こんな書店が欲しい　こんな本を読みたい |
| 1997 | 平成 9 | 文学より実用書志向　秋の夜長本は遠くへ… | 深まる　読書の「飽き」　本の虫にはちょっと気がかり |
| 1998 | 平成 10 | 不況で多忙で…本離れ加速　図書館 41%が「利用したい」 | じっくり読書で　大切さじんわり |
| 1999 | 平成 11 | 本離れ，学生は相変わらず　「情報得たい」71% | 「好み」にこだわって　まだまだ本好き　日本人 |
| 2000 | 平成 12 | 知識・教養　求める 30，40 代　続く雇用不安反映？ | 書籍に知を求め　マンガで息抜き |
| 2001 | 平成 13 | 高まる教養・実用志向　「図書館を利用」大幅増 | 文庫・新書の人気上昇　不安な世相「知」求め |
| 2002 | 平成 14 | 「時間ない」働き盛り本離れ　学生 3 人に 1 人［読まない］ | 国語の乱れを懸念　増える図書館利用者 |
| 2003 | 平成 15 | 「本離れ」流れ変わらず | 「安く手軽」ブーム　続く創刊ラッシュ |
| 2004 | 平成 16 | 本離れ懸念，世代で差　40 代，最多 68%［読まない］ | 評価・話題が推進力　「メガヒット本」隆盛 |
| 2005 | 平成 17 | 「本離れ」傾向変わらず　読めば 9 割が「満足」 | 若年層にじわり浸透　新しい読書形態次々 |
| 2006 | 平成 18 | 50，60 代本に「回帰」「団塊本」の人気影響？ | 本に関心なお高く　読み聞かせが原点 |
| 2007 | 平成 19 | 働き盛り本離れ　20 代には「回帰」の兆し | 止まらない雑誌離れ　インターネット優先 |
| 2008 | 平成 20 | 読む大切さ再認識。20～40 代で大幅伸び増える POP 参考派 | ネットで本の購入倍増 |
| 2009 | 平成 21 | 「時間がない」…本離れ「仕事に役立てる」減少「電子書籍」潜在的な需要 | 「ネットで読書」まだ少数　「話題だから」本を手に |
| 2010 | 平成 22 | 本離れ変わらず。「教養深めたい」でも「時間ない」 | 電子書籍に戸惑い，紙の印刷愛着強く |
| 2011 | 平成 23 | 20 代の半数利用望む電子書籍若年層が関心。本離れ「時間ない」 | 震災体験読書に影響。解説本に高まる関心 |

（出所）『読売新聞』と『毎日新聞』による世論調査報告の各年版より作成

## 1　読書世論調査

OECD 生徒の学習到達度 2009 年調査[61] によると，「趣味で読書をしない」という日本の中高生は 2000 年調査で 5 割を超えていたが更にその割合は増加した。「若者は本を読まなくなった」(換言すれば，大人は本をよく読む，のか？)「本離れ」「活字離れ」というマスコミ報道も珍しくない。その活字離れが出版不況の原因のひとつとされている。そんななかで毎日新聞と読売新聞などは読書世論調査を毎年行っている。表 5.3 は紙面を飾った見出しである。「要点に直接たどり着［け］……短くて読みやすい書物が好まれ」[62] ているのだろうか。

## 2　読書離れは進んでいるのか

永江[63] は各種の読書世論調査を分析し，次のような考察を行った。①社会全般に「読書離れ」が進んでいるわけではない。むしろ全体として本（書籍，雑誌）はいままで以上に読まれる傾向にある。②本を読む人はますます読み，読まない人はまったく読まない二極化が進んでいる。③中学生，高校生の読書離れが進んでいるのか止まったのか……よくわからない，と 3 点を指摘したうえで，人口はそんなに増えていないのに（つまり市場が広がっていないのに）出版点数を増やせば，1 点当たりの売れ行きが落ちるのはあたりまえで，書籍・雑誌に関する流通の問題と読書の問題を混同すると本質を見誤る，とした。

## 3　購入と借用の使い分け

図書館の利用者を考えるうえで，利用者になり得る読者は，何らかのコスト意識・感覚が働き，書店と図書館を使い分けている可能性があることを 2 つの調査から指摘しておく。ひとつ考えて見てほしい。

公正取引委員会が 2006 年に行った調査[64] によれば，最近 1 年間の書籍・雑誌の入手先は書店（39.3%），図書館（33%），古書店・新古書店（11.1%），インターネット（7%）の順であった。読まれた冊数の割合で見ると，図書館（63.6%）が書店（23.9%）を大幅に上回った。また価格の高低による使い分けの設問に対しては，「必要な本は価格に関係なく購入する」(63.1%)，「高いものは購入しないで図書館から借りる」(17.2%)，「高い・安いは関係なく図書館から借りる」(14.9%) という結果が出た。

一方，日本書籍出版協会が 2011 年に行った調査[65]によれば，「購入が主」(64%)，「購入・借用が同程度」(15.9%)，「借用が主」(16.7%) と購入するケースが大半以上を占め，その理由は所有を前提とした「何度も読み返したいから」「著者が好きだから」の回答が多かった。借りる理由は「勿体ないから」(39.1%)，「高価だから」(23.5%)，「保管する場所がないから」(11.6%)，「書店に在庫がないから」(9.1%) の順となった。

図書館専門書籍流通業務の経験から石井昭[66]は，「図書館と書店の役割分担が逆転し，利用者が書店で山積みのものを図書館に求め，逆にあるテーマで目的を持った読者は大型書店で探す」という見解を述べている。

■注 ──

1) 前川恒雄・石井敦『図書館の発見 (新版)』日本放送出版協会，2006, p.200
2) 下村昭夫『出版の近未来』(本の未来を考える = 出版メディアパル 3) 出版メディアパル，2003, p.7
3)『出版年鑑』2011 年版，出版ニュース社，2011, pp.338-395. 1981 年は 2 万 9362 点，1991 年は 4 万 2345 点, 2001 年は 7 万 1073 点，中国 30 万 1719 点 (2009 年)，アメリカ 18 万 32 点 (2008 年)，イギリス 15 万 1969 点 (2010 年)，ロシア 12 万 7596 点 (2009 年)，ドイツ 9 万 3124 点 (2009 年)。
4) 齋藤純生『洋書流通の世界』日本文献出版，2004, p.113
5) 永江朗『ベストセラーだけが本である』筑摩書房，2003, p.20
6)『出版指標年報 (2011 年版)』全国出版協会・出版科学研究所，2011, p.299
7)『出版年鑑 (2011 年版)』前掲書，pp.338-395
8) 経済産業省『出版産業の現状と課題 (平成 14 年 3 月)』2002, p.5. 〈http://www.meti.go.jp/ policy/media_contents/downloadfiles/0313shuppan.pdf〉 [Last accessed: 2011.12.31]
9) トヨタ自動車「決算報告 2011 年 3 月期 (平成 23 年 3 月期)」〈http://www.toyota.co.jp/jpn/investors/financial_results/2011/〉 [Last accessed: 2011.12.31]
10) 安藤陽一「出版社，書店ランキング 2011」『出版ニュース』2011 年 10 月中旬号，pp.6-13
11) 日本出版学会編『白書出版産業 (2010 年版)』文化通信社，2010, pp.144-147
12)「2010 出版物販売額の実態」『出版ニュース』2011 年 12 月上旬号，pp.6-19

13）下村，前掲書，p.13
14）『出版年鑑（2011年版）』前掲書，pp.338-395
15）金融財政事情研究会編『業種別審査事典（10次新版）』金融財政事情研究会，2003-04, 3巻，p.244
16）永江，前掲書，p.103
17）植田康夫『ベストセラー考現学』メディアパル，1992, pp.225-232
18）『出版年鑑（2011年版）』前掲書，pp.338-395
19）『書籍・雑誌の流通・取引慣行の現状』（平成20年6月19日）公正取引委員会，p.1.〈http://www.jftc.go.jp/pressrelease/08.july/080724tenpu01.pdf〉［Last accessed: 2011.12.31］.［出版ニュース］編集部「日本の出版統計：『出版年鑑2011』年版にみる書籍，雑誌，出版社，『出版ニュース』2011年5月中・下旬号，pp.8-10.『出版指標年報（2011年版）』前掲書，2011, pp.2-3.『出版年鑑』によれば2010年の出版界の総売上額1兆9750億円。書籍8830億円，雑誌1兆0919億円。『出版指標年報』によれば取次経由の総販売額は1兆8748億円。書籍8213億円，雑誌1兆535億円。それらを組み合わせると，取次ルートは全体で約95%，書籍93%，雑誌96%を専有することになる。
20）『出版指標年報（2011年版）』前掲書，2011, p.322
21）「街の書店，個性が生命線：国際ブックフェア生き残り策議論」『朝日新聞』2011年7月12日（東京版夕刊），p.3
22）『日本の図書館：統計と名簿』（2010），日本図書館協会，2011, p.24．図書館総数3188館（うち私立図書館20館）
23）福島聡「書店人から見た図書館サービス」『図書館の学校』No.47, 2003年11月，p.6
24）内閣府政府広報室『読書・公共図書館に関する世論調査（昭和54年9月調査）』内閣総理大臣官房広報室，1980，1冊。「本は主にどこで入手しましたか」図書館8.4%，書店75.2%。内閣府政府広報室『読書・公共図書館に関する世論調査（平成元年6月調査）』内閣総理大臣官房広報室，1989，1冊。「本（書籍）は主にどこで入手しましたか」図書館7.9%，書店76.3%。「特集第54回読書世論調査」『毎日新聞』2000年10月26日朝刊，p.17。「マンガ（雑誌・コミック本）は，どこから入手しましたか」図書館4%，書店67%。「読書週間本社世論調査」『読売新聞』2001年11月3日朝刊，p.29。「本を買って読みますか，人から借りて読みますか，それとも図書館を利用しますか」図書館13.9%，買う75.6%。
25）JPICの1997年7月調査によれば，全国2569町村のうち31%に当たる787町村に書店・図書館がないことが判明した。JPICサイトでは同記述のあったページは既に削除されている。出版文化産業振興財団「団体概要：事業内容」.〈http://wayback.archive.org/web/*/http://www.jpic.or.jp/about/about2.html〉［Last accessed: 2011.12.31］
26）『出版指標年報（2011年版）』前掲書，pp.320-323．2008年までは増加傾向にあったが，2009年以降は減少傾向にある。
27）「全国小売書店経営実態調査報告書」『出版ニュース』2006年6月中旬号，pp.6-9

28)『あなたはこの本を知っていますか：地方・小出版流通センター図書目録』No.27（2010年版）地方・小出版流通センター，2011, pp.104
29)『出版ニュース』2005年5月中・下旬号，pp.21-22
30) 中陣隆夫「硬派出版としての学術出版」『新現場からみた出版学』学文社，2004, p.29
31) 武者小路澄子「日本における学術図書出版点数の定量的分析」『Library and information science』No.25, 1987, pp.65-80
32) 中陣，前掲書，p.30
33)［出版ニュース］編集部「日本の出版統計：『出版年鑑2011』年版にみる書籍，雑誌，出版社」『出版ニュース』2011年5月中・下旬号，pp.8-10
34) 日本出版学会編『白書出版産業（2010年版）』前掲書，2010, pp.124-127
35) 永江朗『ベストセラーだけが本である』筑摩書房，2003, p.200
36) 下村，前掲書，p.13
37) 日本出版学会編，前掲書（2010年版），pp.118-121
38) 蔡星慧『出版産業の変遷と書籍出版流通：日本の書籍出版産業の構造的特質』出版メディアパル，2006, pp.132-146
39)［出版ニュース］編集部「図表で見る日本の出版統計：『出版年鑑2011』から」『出版ニュース』2011年6月中旬号，pp.6-15
40)「窓：書店の“逆襲”……？：取次抜きの仕入れシステム：東京の若手らが協同組合方式で」『東京新聞』1999年7月16日夕刊，p.3「客注品入荷まで平均8.2日：東京組合青年部が実態調査」『新文化』2299号, 1999, p.3「客注品流通実態調査報告書（抜粋）」『出版ニュース』1999年4月上旬号，pp.6-10
41)「全国小売書店経営実態調査報告書」前掲，pp.6-9
42)『日本経済新聞』1997年8月31日朝刊，p.15
43)「本とコンピュータ」編集室編集『オンライン書店大論争』（別冊・本とコンピュータ2）大日本印刷株式会社ICC本部，2000, p.126
44)「図書館入札：過激な値引き合戦は「書店の消耗戦に」：ポプラ社社長・坂井宏先氏に聞く」『新文化』No.2898, 2011年8月11日号，p.1,3
45)「全国小売書店経営実態調査報告書」前掲，pp.6-9
46) 経済産業省『出版産業の現状と課題（平成14年3月）』2002, p.8〈http://www.meti.go.jp/policy/media_contents/downloadfiles/0313shuppan.pdf〉[Last accessed: 2011.12.31]
47) 永江，前掲書，p.149
48) 大江治一郎「日本出版インフラセンターの現在―業界全体の標準化・共同化・効率化のため」『出版ニュース』No.2182, 2009, pp.6-9
49)『出版指標年報（2011年版）』前掲書，p.301.『出版年鑑（2011年版）』前掲書，pp.338-395
50)「Kindleの電子書籍の販売冊数，Amazon.comでの紙媒体の書籍全体の総数を超える」『カレントアウェアネス・ポータル』（Posted 2011年5月20日）〈http://current.ndl.go.jp/

node/18216〉［Last accessed: 2011.12.31］
51)「市場が動いている。電子書籍普及には品ぞろえが不可欠」『産経新聞』No.24802, 2011 年 12 月 26 日，p.17
52)『出版指標年報（2011 年版）』前掲書，p.351
53) 創立 50 年史編纂委員会社史編纂室編集『飛翔：トーハン 50 年の軌跡』トーハン，2000, p.127
54) 長岡義幸「再販制擁護・堅持論者への疑問」『ず・ぼん』3, 1996, pp.142-149
55)「図書館入札：過激な値引き合戦は「書店の消耗戦に」：ポプラ社社長・坂井宏先氏に聞く」前掲書，2011
56) JLA 企画調査部「視聴覚資料等について（『日本の図書館 2009 結果』より」『図書館雑誌』Vol.104, No.11, 2010, pp.748-749.『出版年鑑』2009 年，前掲書，pp.24-25. 6 億 9168 件に対し 4363 万件。
57) 日本出版学会編『白書出版産業（2004 年版）』文化通信社，2004, p.87
58) 三田誠也『図書館への私の提言』勁草書房，2003，pp.43-61
59) 毎日新聞社編『読書世論調査 30 年：戦後日本人の心の軌跡』毎日新聞社，1977, p.102
60) 竹内郁郎「良書を選ぶ“眼”が必要」『読書世論調査 30 年：戦後日本人の心の軌跡』毎日新聞社，1977, p.106
61) 生涯学習政策局調査企画課「OECD 生徒の学習到達度調査（PISA）：2009 年調査国際結果の要約」〈http://www.mext.go.jp/b_menu/toukei/001/index28.htm〉［Last accessed: 2011.12.31］
62) アントワーヌ・シュヴァルツ（橋本一径訳）「無価値な本が支配する　フランス出版事情」『世界』2006 年 8 月号，p.262
63) 永江朗「誰が本を読まなくなったのか？　読書世論調査を読む」『読書は変わったか？』（別冊・本とコンピュータ 5）大日本印刷 ICC 本部，2002, pp.11-22
64) 公正取引委員会「書籍・雑誌，音楽用 CD の購入に関する消費者モニターアンケート調査結果」(2006 年 3 月）.〈http://www.jftc.go.jp/pressrelease/06.july/06071901-02-besshi.pdf〉［Last accessed: 2011.12.31］
65)『次世代書誌情報の共通化に向けた環境整備：調査報告書 2011』（総務省委託事業平成 22 年度 新 ICT 利活用サービス創出支援事業）日本書籍出版協会，2011, pp.110-161.〈http://www.jbpa.or.jp/ict/ict-index.html〉［Last accessed: 2011.12.31］
66) みんなの図書館編集部「オンライン書店 BK1 始動す；石井代表取締役に聞く」『みんなの図書館』No.282, 2000, pp.24-32

## 考えてみよう・調べてみよう

1. 日本の書店数を 1 万 7 千店とする。その場合，各書店に同一本が 1 冊ずつ確実に配本されるためには印刷部数が何部必要か。また自分が出版社や取次会社の社員だとした場合，5 千部程度の本を売り切るための書店配本戦略を考えてみよう。

2. 出版直後の出版物群を常にどんな方法を使ってもすぐに図書館で確保したい。自分が公共図書館のスタッフだとした場合，どのような方法があるかを考えてみよう。

**読書案内**

木下修『書籍再販と流通寡占』アルメディア，1997 年
出版ニュース社編『出版データブック：1945-2000（改訂版）』出版ニュース社，2002 年
小田光雄『出版状況クロニクル（1, 2, 3）』論創社，2009-2012 年
日本出版学会編『白書出版産業：データとチャートで読む日本の出版（2010 年版）』文化通信社，2010 年
黒澤節男『Q&A で学ぶ図書館の著作権基礎知識（第 3 版）』太田出版，2011 年
蔡星慧『出版産業の変遷と書籍出版流通：日本の書籍出版産業の構造的特質（増補版）』出版メディアパル，2012 年

# 第６章
# 蔵書構成と資料提供

個人，図書館，機関，団体が所蔵する多数の図書の集まりを「蔵書」と呼ぶ。図書館の蔵書は，単に収集・保管・保存された資料の物理的な集合体ではない。利用を前提として収集・整理・保存されたものである。日本の蔵書に「現在の利用」という視点が加わったのは1970年代のことで，それまでは「過去の知識遺産の保存」と「遥か未来の利用」が優先されていた。本章では，蔵書と資料提供の関係について説明する。

## 第１節　蔵書の定義

### １　蔵書とは

個々の図書館において図書館資料の集合体を蔵書もしくはコレクションと呼ぶ。両者とも，より多様な資料の集積・集合体をさす言葉として用いられるが，「蔵書」は図書が中心である印象が強く，またコレクションは特定主題や特定分野の資料をさすときに用いられることもある。本書では，図書館資料の集合体の意味として「蔵書」を用いる。

蔵書は，利用目的，利用者層，主題，資料種別，資料形態など共通の特性をもち，ひとつのまとまりとして形成・管理される。図書館は，図書館の種類によってその目的は異なるものの，その手段として情報・資料提供を行うのは共通である。たとえば，公共図書館の場合は利用者の教養，調査研究，レクリエーション等に資することを目的とし，その手段として情報・資料提供を行う。もちろん，その活動の基礎となるのは蔵書である。

蔵書は多数の資料が相互に有機的なつながりをもつと，各資料の単純合計以上の意味をもつが，ばらばらに収集されると個々の資料も蔵書全体も意味を失ってしまう傾向がある。蔵書のこのような有機的性格に着目して蔵書構成という概念を確立したのは中田邦造（1897-1956）である[1)]。アメリカにおいても，1956年のイリノイ大学のセミナーでも蔵書のこの性質が発見され，book selection（図書選択）からcollection development（蔵書構成）が基本概念となった[2)]。

## 2　良い蔵書とは

それでは良い蔵書の条件とは何か。中小公共図書館運営の指針となった『市民の図書館』を著したひとりである前川恒雄はその条件を次のように記している。

> 「良い蔵書とは，人びとの知的好奇心を刺激し，どれもこれも読みたくなるような本の集まりである。そういう本が並んだ棚は生きいきしている。そこでは，図書館の最も重要な働きの一つである人と本の出会いがおこり，人が本を発見する。」[3)]

かなり抽象的な文章であるが，共感できる部分もあるのではないだろうか。A書を求めたらB書に出会い，さらにC書にも出会うことができたという利用連鎖を生み，幅広く深い本の世界が伝わる蔵書の質が求められる。これらから，蔵書規模が大きいことが優れた蔵書を意味するわけではなく，需要予測を行ったうえで提供した蔵書が，利用者の知的欲求（ニーズ）に応えているか，あるいは引き出せているか，そして更なる需要を生み出しているかどうかが，優れた蔵書か否かを判断する現在の基準となっている。

しかし，これを実際の図書館の書架，書棚で実現することは難しい。また，どんなに素晴らしい蔵書を用意したと図書館が考えたとしても，その良し悪しを判断するのは利用者自身である。所蔵の有無だけでなく，未所蔵資料への早期対応，配架法，施設の雰囲気，明るさ，清潔さ，職員の知識，能力，活気などはその蔵書の利用に影響を与える要因となる。

## 3　情報・資料提供

情報・資料提供とは，図書館が利用者の求めに応じて情報または資料を提供することである。その方法には，図書館内での閲覧に供すること，館外に資料を貸出すこと（貸出し），利用者が最も適切な本を選ぶのを助け，読書の案内を行うこと（読書案内・資料案内），調査研究のための資料や情報の相談に応じること（レファレンス・サービス）の４つがある。

一般に，貸出しとレファレンスは自動車の両輪に例えられる。斎藤文男は，公共図書館の「貸出し」と「レファレンス」を，前後輪で大きさの異なるクラッシックスタイルの自転車に例えた[4)]。大きい前輪＝貸出し，小さい後輪＝レファレンス。進むべき方向を決定するハンドリングは，直接的な前輪だが，後輪がなければ安定した走行は望めず，迷走する。つまり，貸出しが十分行われることによって，レファレンスの要求が生まれ，拡大する，というイメージである。そして，その両輪を繋ぐ業務として読書案内がある。公共図書館では，レファレンス質問は読書案内から始まることが多く，読書案内はリクエストサービスとともに貸出業務のひとつとして貸出カウンターで行われるのを原則としている（一般に大学図書館では分化している）。

貸出しやレファレンス等の基本的な情報・資料提供は，図書館の蔵書を用いて行われる。岩田[5)]は，マッコルヴィンの「提供が需要を生む」を引き合いに出し，自身の経験から，提供することで需要が生まれ，さらにその需要が提供を生む，というサービスの螺旋的な循環論を展開している。逆説的にいえば，資料・情報提供の成否は蔵書の良し悪しが決めるといっても過言ではない。ただし，情報・資料提供から見れば，本章が扱う蔵書構成（資料収集）はその手段のひとつにしかすぎない[6)]。

## 4　図書館の４つの機能

大学図書館基準によれば，大学図書館には「学習図書館的機能」と「研究図書館的機能」，および「貸出し図書館的機能」と「参考調査図書館的機能」の，４つの機能があるとされる。これは機能の大小はあるにせよ，他の図書館種に

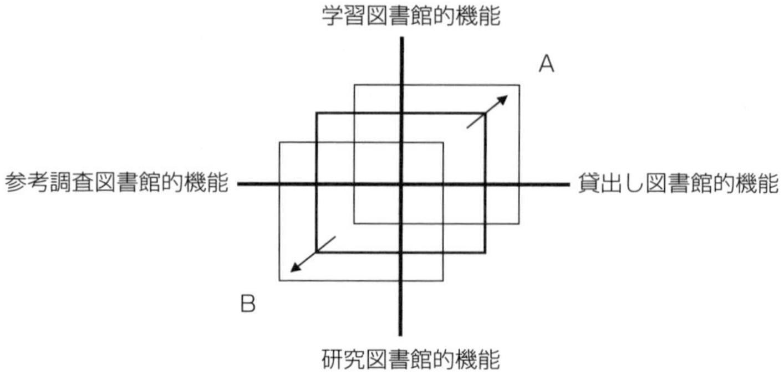


**図 6.1　図書館の４つの機能**

もあると考えられる。筆者は図 6.1 のように 4 機能を配置した。

学習図書館的機能とは，授業を中心とした教育活動に対する支援，および市民の教養やレクリエーションのための読書に応える学習用コレクションの形成であり，研究図書館的機能とは，研究活動に対する支援と研究用コレクションの形成をいう。参考調査図書館的機能とは，人的サービス（レファレンス），利用者の調査・研究のためのコレクション形成と情報サービスである。貸出し図書館的機能と参考調査図書館的機能は，それぞれの図書館が置かれている条件によって分化したとしても，一方に偏らないことが求められる。調査研究でも，参考質問の解決でも，利用者は人的サービスに頼らなくても図書館の資料を借りて行うことが可能で，貸出しによって利用者自身が問題を解決し研究を進めることができる。

公共図書館では都道府県立図書館および区市立図書館の中央館，大学図書館では総合図書館（中央館）と分館のない単独館は，これら 4 つの機能をバランスよく配置する必要がある。ただし，公共図書館の区市立図書館の分館と町村図書館は図 6.1 の A の方向へ，専門図書館のひとつとして認識される大学図書館の部局図書館（学部図書館と研究所・研究室図書館）は B の方向へシフトすることはあっても，どれかひとつの機能がまったくなくなるわけではない。

## 5　蔵書に影響を与える要因

図書館の蔵書規模（既存蔵書）は，①サービス対象者数（人口），②設置母体の政策と目的，③図書館施設の広さと収納場所，など多くの要因で決定される。「公立図書館の任務と目標の数値基準データ（2003）」[7]では，図書館の最低規模を５万冊とし，人口によって図書館の延床面積，蔵書冊数，開架冊数，資料費，年間増加冊数の基準を設けている。

蔵書に影響を与える外的要因には，①図書館の関連法規と倫理綱領，②社会的要因（状況，環境，景気など），③利用者要求（ニーズ），④設置母体の財政状況，⑤資料・情報の生産・流通，⑥他図書館との協力関係（資源共有），⑦インターネットなど外部情報源の発達，⑧他図書館種，類縁機関（文書館，郷土館，博物館，行政資料センター）との隣接性，がある。また，内的要因には，①その図書館の種類，②既存蔵書（同傾向・同内容の本「類書」の有無[8]など），③電子資料へのアクセス，④年間増加率と廃棄率，⑤資料費などがある。

山本哲生の分析[9]を通して，片野[10]は，図書館の１年間の個人貸出点数を人口で割った数値である「貸出密度」が高い公共図書館の特徴として，①一定規模以上の面積をもつ，②ある程度の職員数が確保されている，③年間購入冊数が多い，④雑誌購入種数が多い，⑤予約件数が多い，⑥資料費が多い，⑦建物が新しい（1990年以降の開設），を導いている。座間市立図書館の統計調査から，「資料購入費と貸出冊数は正比例する」という関係[11]も指摘されているが，設置母体の財政悪化等からすべての図書館に当てはまるわけではない。注意したいのは，貸出冊数の多さが必ずしも蔵書の良さを証明するわけではないことである。岩田が，自身の経験から，図書館サービスは，「ある水準を超えると利用がさらに利用を呼び，水準を下回ると利用は伸びない」[12]と指摘するように，諸条件が満たされたときに貸出しが増加するのである。

図書館資料は選択，収集された後に，見やすく使いやすく整理され（資料整理・組織化），わかりやすい場所にあり（サイン），効果的に排列（配列）され（排架（配架）および除架）て，展示，広報，ブックリストを通じてはじめて，前川の言う「人と本の出会い」が起こる[13]。これらを含めたのが蔵書構成である。

## 第2節　蔵書構成と図書館業務

図書館があるサービスを実施し，成果を得るためには「所属組織の需要の評価」「職員の能力向上」「サービス方針の策定」「蔵書構成・管理」「広聴・広報」「外部との連携」が必要とされる[14]。「蔵書構成・管理」は図書館員の中核的・専門的職務と考えられているが，資料選択に要するコストが莫大[15]なことから，事実上放棄し外部委託化[16]が進行している，との指摘[17]がある。

### 1　個人としての資質

日本図書館情報学会による，「情報専門職の養成に向けた図書館情報学教育体制の再構築に関する総合的研究」(LIPERプロジェクト）の調査によれば，資料選択と蔵書構成は図書館員にとって重要だと考える知識・技術にあげられてはいるが，「図書館学教育」ではなく「実務で取得すべき」もの[18]と考えられているようだ。事実，『市民の図書館』では公共図書館の資料選択者の条件として，カウンター業務や配架等のフロアーワークや経験もあげている。これはパブリック・サービス業務の経験・訓練から，蔵書構成，棚の品揃え，利用者の要求を見聞し，顕在欲求を知るためである。資料選択は，経験・訓練だけでなく主題知識・技能，現在の蔵書構成の把握が要求されるため，図書館へ入職後すぐに担当者になることは多くはないが，前準備やトレーニングを行うことは可能である。

### 2　蔵書構成者として求められる条件

前川[19]は，公共図書館の資料選択者としての条件に，①本を知っている，②市民の要求を知っている，③図書館は何をするところかを知っている，の3点をあげている。蔵書構成は，図書館情報学の基礎的専門知識，「自由宣言」や「図書館員の倫理綱領」への理解，主題知識と言語能力の獲得，資料・情報の生産・流通，および選択ツールの精通だけでなく，社会世相，社会情勢，時事，流行，話題，社会状況を観察し，洞察し，分析することによって，社会の今日的課題を認識し，情報収集やトレンドの先読みは欠かせない。また，公共図書館と大学図書館・専門図書館，大型図書館と中小図書館，および現在のニーズを探るために大型書店と中小書店，とテーマを決めて棚づくりや棚揃えを定点観測したり，比較したりすることで選択眼を養うトレーニングも必要であろう。

しかし，図書館もまた社会の一部である。専門職としての判断だけでなく，組織構成員の一員として，また社会の一員として社会常識と照合して判断することもときには必要とされる。社会で求められる能力[20]は，傾聴力が群を抜き，課題発見力，専門知識，実践力である。これは，前川があげた資料選択者の諸条件と相通じるものがある。利用者の要求を重視する立場を取る図書館員にとって，専門家の助言に耳を傾け，関係部署・利用者の潜在的要望を聞き出して，適切に対処する傾聴力は，コミュニケーション能力にも通じるもので，知識や技術に加え，チームワークを発揮するうえで，不可欠な能力である。

## 3　文系出身者の資料選択の問題

現在の司書資格取得の講義を開講している大学には，理系大学はほとんどないといってよい。次のような文章がある。

> 「大学院で理学博士号を取得したスタッフから人文系出身者による理科系の本の選書について感想を聞いたことがあった。人文系の人にとっては難解と思われていた本が，理科系の人にとっては入門書であったというバランスの悪い選書であった。」[21]

「図書選択が利用傾向を規制し，さらに要求そのものに影響を与える」[22]とされる。理科系資料への主題知識の欠如と対応に乏しい者が行った資料選択は，その後の利用自体に影響を及ぼすことになる。また，蔵書評価を含めた図書館サービス評価と統計処理は数字で行われることが多い。司書という職業がけっして文科系の学習・勉強だけで務まる仕事でないことを自覚しておいてほしい。

## 4　スタッフ

図書館は主として，①総務的部門，②収集・整理部門，③利用サービス部門，で構成される。②が行う収集，組織化（目録・分類），保管・保存をテクニカル・サービス，③が行う閲覧，貸出し，利用者の調査・研究支援と代行調査を行うレファレンス，利用者が見つけられない資料を探す読書案内等をパブリック・サービスと呼ぶ。これらは利用者を主体として考えると，前者は間接サービス，後者は直接サービスになる。

蔵書構成は，1人の図書館職員によるマンパワーではなく複数の図書館職員（スタッフという）が主体となって行われる。この蔵書構成プロセス各部門のスタッフのメンバーは，中小規模の図書館であれば同じこともあるが，大規模図書館であれば異なることが多く，名称は各図書館によって異なるが，資料選択のためのチームは選書委員会（大学であれば教員で構成されることもある），書庫計画を計画的に行うのは書庫委員会などが用いられる。

狭義の蔵書構成（資料選択）は，たしかに一部のスタッフ（選書委員会）の手で行われるが，蔵書構成は各部門・各業務から得られた利用者の各種情報やデータを集約・統合し，有機的な繋がりをもって行われることもあり，図書館全体で行われている，という自覚をもちたい。

浦安市立図書館の蔵書構成グループ制はユニークである。職員を一グループ5人から6人の8グループに分け，資料選択から書架の管理，各館の書架から閉架書庫への移管，廃棄など全館のそのジャンルの図書について責任をもたせている[23]。しかし，すべての図書館で行われているわけではない。

大半の図書館の蔵書構成のサイクルとプロセスには，複数のスタッフがかかわるため，これらに対応した明確な蔵書構成の方針が示されれば一貫したものをつくりやすいし，利用者にとってもコレクションを利用したりなんらかの要求を表明したりするときの目安となる。

## 5　資料取り扱いによる区分

蔵書はいくつかの観点を組み合わせて扱われる。具体的にいえば，①物理的性質別（記録媒体別，媒体の大小），②出版形態別（種類，刊行方法，発行頻度など），③言語別（和・洋など）でまず区分する。次にNDCを用いて，学問分野－主題－時代別（出版年別）か，地域別（出版地別）で分類を行う。資料は，その付与した分類記号の順序に従って，一元的に排架するのが原則であるが，管理運営上，さまざまな理由から同一系列（たとえば，直接閲覧可能な開架書庫）に排架できず，別置されることもある。NDCでは，①洋図書，②新聞，③和古書・漢籍，④参考図書，⑤大型本・豆本，⑥児童図書，青少年図書，⑦雑誌，⑧小説，読みもの（公共図書館），⑨絵本，コミック，⑩学習参考書，⑪貴重図書，古文書，⑫郷土資料，⑬テーマ図書（専門図書館），⑭地図，楽譜，写真，書画，ポスターなどの一枚もの，⑮一時的利用に供する資料（パンフレット，リーフレット，課題図書，指定図書など），を条件付別置としている。

資料は，館外への帯出（貸出し）を前提とした貸出可能資料，および帯出（貸出し）できず館内での利用・視聴のみに限定した禁帯出資料の２種類に区分することができる。また，資料には，複写可能な資料とできない資料がある。

禁帯出資料（館内資料とも）には，①参考図書（百科事典，辞書・事典，年鑑，図鑑，書誌・索引類など），②高額資料，③なくなると補充のつかないもの（貴重書，行政資料，郷土資料など），④新刊（新着）雑誌と新聞，⑤一部の視聴覚資料，などがある。①の参考図書は，レファレンス資料とも呼ばれ，通読することよりも参照することを目的として，内容の配列や索引の整備がなされている資料のことであり，二次資料に相当するものが多い。②，③の貴重書，および⑤を除き，ほとんどの資料が図書館内で複写可能である。⑤の視聴覚資料には，日本図書館協会が権利者と協議し，上映あるいは貸出しに関して権利処理された，いわゆる著作権処理済みのビデオやDVDのソフトについては貸出可能であるが，それ以外は館内視聴のみに限定される。

## 6　資料選択理論に馴染まない資料

次章で公共図書館の資料選択理論を述べるが，それとは馴染まない資料があるのでここで取り上げておく。

### (1) 参考図書

参考図書は，貸出しをせずに館内での調べ物，それも資料中の特定箇所を参照して使うことが想定されている。常に信頼性，視認性，検索性，即時性に優れたツールを取り揃えることが要求される。そのためツールを１点１点吟味して選択（購入，更新，除架，レファレンス対応情報源，自館作成ツール作成）する場面が頻発する。選択を確実に行うためには，できるだけ多くのツールを手に取って，類似ツールとも併せて個々の特徴（図解・写真の豊富さ，字の大小，情報量の多少（語彙数，発音記号，解説，文法，用例・例文））を十分に把握し，どの場面で使えるかをイメージしておくことが必要である。

参考図書の整備（資料選択）は，親組織の性格，組織の構成員，図書館規模（大中小，中央館と分館），財政（予算），収集方針，利用者の要求（レファレンスの質問記録の分析や利用実態調査等から割出）に基づいて行われるため，各図書館によって異なるが，①高品質な，②利用者層にとって年齢相応な，③最新で正確な，④多様な価値観と意見を反映した[24]，資料が選択される必要がある。大串によれば，研究者が書誌情報よりは本文（特定の事実，データや考え方）を重視するのに対し，図書館司書は，書誌情報（表紙，奥付，目次など），索引の有無，本文の構成の順に注目する傾向があるという[25]。

### (2) オンライン資料

紙資料は売買行為により所有者が購読者に移るのに対し，オンライン資料（電子書籍，電子マガジン，電子ジャーナル）はデータベースと同様にコンテンツを一定期間利用する権利（ライセンス権，使用権）を得るが，契約終了と同時にその権利を失う（中には恒久アクセスを保証するものもある）。欧米では，既に図書館向けの電子書籍提供サービスが開始されており，主なところではOverDrive（65万点），NetLibrary（30万点），ebrary（7万点），Questia（7.5万点）があり，日本語コンテンツが含まれているのはNetLibraryのみである。

オンライン資料の契約形態は，(1) 同時アクセス数（複本の有無），(2) FTE（構成員数），(3) 設置規模の大中小，(4) マルチサイト（複数館＋キャンパス），及び複数の組み合わせ，など複雑である。導入の利点は，①速報性（発行即利用），②検索機能がある（目次，抄録，全文など），③参照先，参照元の引用文献の参照が容易，著者への電子メール送信機能など，④（契約形態によるが）複数人が同時に利用できる，⑤図書館外（契約が及ぶ機関・敷地内）から24時間利用可能（図書館の開館時間≠雑誌利用可能時間），⑥未着・欠号・汚損の心配がない，また貸出し・製本による待ち時間がない，など。欠点は，紙書籍ならば気軽に手に取って見られるが，この資料は機器がないと閲覧することができない。またその閲覧時の快適性はネットワーク環境に左右され，利用者自身の機器操作のスキルも問題となる。そして図書館間相互貸借での提供は原則不可であるが，電子ジャーナルの複写提供は提供元の出版社次第である[26]。

2011年までに行われた日本の公共図書館での電子書籍の提供は，(1) 館内専用PCでの利用，(2) 閲読用デバイスの貸出し，(3) 非来館型のネット貸出し，の3タイプである。(3) については，在住・在勤・在学者に限定し，1人当たりの上限冊数・期間制限，複製不可，同時アクセス1～3と商業出版社に十分に配慮したものである[27]。

図書館における電子書籍の普及は点数増加にかかっている[28]。公共図書館の提供は，(3) を改善・発展させたものになろう。想像となるが採算性を重視するため死に筋を出したくない出版業界とより安価で多数のコンテンツを提供したい図書館の相互の利害が一致する，個別タイトルよりは複数タイトルのパッケージ（バンドル，ビッグディール）契約が，紙資料と同等の選択コストをかけられない場合には主流となると思われる。これは紙書籍の新書等の一括購入に相当するもので，出版社（コンテンツホルダー），アグリゲーター，ベンダー（取次相当）やプロバイダー（書店相当）等の代行提供業者が予め選択したコンテンツ群（例えば，ベストセラーパッケージ，実用書・教養書パッケージ，専門書・学術書パッケージなど）をいう。市場が成熟した頃に次章で詳述するように，同時アクセス数制限撤廃（複本の無制限化）は貸出しをより発展させる，というような理論も出現するのではないか，と考えられる[29]。

電子書籍の貸出しは，出版業界内及び図書館との権利関係の調整と同時に，インフラが整備されフォーマット規格，ソフトウェア，ハードウェアも標準化される必要がある。書き換えが可能で，紙同様に情報を保持したまま持ち歩くことができる電子ディスプレイと紙の長所を併せ持った次世代技術である「電子ペーパー」が開発されたとしても，「本というメディアは技術的な完成に引き替え生産コストが低いことが特徴」[30]と根本が指摘したように，紙書籍の優位性はまだ続く。

■注 ――

1）中田邦造「町村図書館の経営方法」『図書館雑誌』第35年1号，1941, pp.58-61

2）河井弘志『アメリカにおける図書選択論の学説史的研究』日本図書館協会，1987, pp.373-377

3）前川恒雄『われらの図書館』筑摩書房，1987, pp.93-94

4）斎藤文男・藤村せつ子『実践型レファレンス・サービス』日本図書館協会，2004, pp.6-8

5）岩田雅洋『図書館をつくる』アルメディア，2000, pp.184-186

6）清家正彦「絵本『ちびくろサンボ』をどう取り扱うか」『みんなの図書館』No.164, 1991, p.38

7）日本図書館協会図書館政策特別委員会編『公立図書館の任務と目標：解説（改訂版増補）』日本図書館協会，2009, pp.82-87

8）大場博幸「暗黙の選択基準：市町村立図書館における新聞・雑誌所蔵」『Library and information science』No.52, 2004, pp.48-49

9）『グラフで見る日本の町村図書館』図書館問題研究会山口支部，1997, p.93.『よりよい図書館づくりのために』（グラフで見る日本の町村図書館2）図書館問題研究会山口支部，2001, p.103.『合併前夜の都市の図書館：全国683都市の人口段階別分析』（グラフで見る日本の図書館3）図書館問題研究会山口支部，2004, p.101

10）片野裕嗣「「貸出し」についての雑感」『図書館界』Vol.57, No.4, 2005年4月，p.257

11）本の雑誌編集部編『図書館読本』（別冊本の雑誌13）本の雑誌社，2000, pp.60-61

12）岩田雅洋『図書館をつくる。』アルメディア，2000, p.186

13）片野，前掲書，p.255

14）柚木聖「医療・健康情報提供の第一歩を踏み出すために」『図書館雑誌』Vol.105, No.1, 2011, pp.17-19. 一部表現を変更した。

15）新出「選書補助ツールの開発」『図書館評論』No.52, 2011, pp.72-79. 新（あたらし）は「選書時間×時給×購入冊数＝選書コスト」が1冊当たりの価格に上乗せされると指摘している。

16）たとえば図書館流通センター「図書館専用在庫・納品システム」は新刊急行ベルや新継続によって「図書館に必要とされる書籍」は自動的に納品される。木下朋美・岡部晋典「公共図書館の選書における事前選定の実態分析：図書館流通センターとの関係を通して」（情報メディア学会第9回研究大会 2010年7月3日）〈http://hdl.handle.net/2241/105652〉［Last accessed: 2011.12.31］
17）湯浅俊彦「出版流通と図書館：21世紀最初の10年間」『図書館界』Vol.61, No.5, 2009, pp.519-527. 小川俊彦「公共図書館の委託」『公共図書館の論点整理』勁草書房，2008, pp.126-172
18）野末俊比古ほか「公共図書館職員の知識・技術に関する意識等の実態：LIPER 公共図書館班アンケート調査における傾向の分析（2005年度日本図書館情報学会春季研究集会の概要）」『日本図書館情報学会誌』Vol.51, No.3, 2005, pp.147-148. 永田治樹「大学図書館における情報専門職の知識・技術の体系：LIPER 大学図書館調査から」『図書館雑誌』Vol.99, No.11, 2005, pp.774-776
19）前川・石井，前掲書，pp.85-90
20）「これからの社会で求められる力」『キャリアガイダンス』2006年6月号，pp.6-28
21）渡部幹雄『図書館を遊ぶ』新評論，2003, p.31
22）日本図書館協会編『市民の図書館（増補）』日本図書館協会，1976, p.68
23）鈴木康之・坪井賢一『浦安図書館を支える人びと：図書館のアイデンティティを求めて』日本図書館協会，2004, pp.140-143
24）IFLA（国際図書館連盟）児童とYA図書館部会『IFLA 児童図書館サービスの指針』IFLA（国際図書館連盟）児童とYA図書館部会，2003.
〈http://www.ifla.org/files/libraries-for-children-and-ya/publications/guidelines-for-childrens-libraries-services-jp.pdf〉［Last accessed:2011.12.31］
25）大串夏身『これからの図書館：21世紀・知恵創造の基盤組織』青弓社，2002, pp. 137-141
26）『大学図書館における著作権問題 Q&A（第8版）』国公私立大学図書館協会委員会，大学図書館著作権検討委員会，2012，pp.12-13
27）湯浅俊彦「電子書籍をめぐる公共図書館の変化」『文化庁月報』No.519, 2011.〈http://www.bunka.go.jp/publish/bunkachou_geppou/2011_12/special/special_03.html〉［Last accessed: 2011.12.31］
28）「電子図書館：NetLibrary と千代田 Web 図書館」『ず・ぼん』17, 2011, pp.100-117
29）脇坂さおりほか「インターネット予約は図書館サービスを豊かにしているか？（第48回研究大会グループ研究発表）」『図書館界』Vol.59，No.2，2007，pp.94-106
30）根本彰『理想の図書館とは何か：知の公共性をめぐって』ミネルヴァ書房，2011, p.73

## 考えてみよう・調べてみよう

1. 近くの図書館を訪問し，日本の図書館統計をまとめた『日本の図書館：統計と名簿』各年版（日本図書館協会）を使って，自分に関係の深い図書館の図書の所蔵冊数，所蔵雑誌数，資料費（予算），年度の購入冊数，貸出冊数，レファレンス件数などを調べてみよう。
2. 自分に関係の深い図書館のスタッフに対し，図書館の事務体制と資料選択体制についてインタビューを行い，授業等で複数人に対し報告を行おう。

## 読書案内

鈴木康之・坪井賢一『浦安図書館を支える人びと：図書館のアイデンティティを求めて』日本図書館協会，2004年

図書館の仕事作成委員会『知っておきたい図書館の仕事：館長から各業務担当まですべての方にむけた図書館ガイドブック』エルアイユー，2003年

大学図書館の仕事制作委員会『知っておきたい大学図書館の仕事：現場に即した業務ガイドブック』エルアイユー，2006年

第７章

# 蔵書構成の概念と理論

## 第１節　蔵書構成の概念とプロセス

### 1　蔵書構成の概念

図書館は現在，資料と電子資料の２本立てで蔵書を形成している。両者を組み合わせて利用できる図書館を「ハイブリッド図書館」という。蔵書の形成には2つの側面がある。蔵書構成と蔵書管理である。蔵書構成（蔵書形成，蔵書構築，コレクション構成，コレクション形成ともいう）とは，蔵書が自分たちの図書館のサービス目的を実現する構造（内容）となることを念頭に，資料を選択，収集して，計画的かつ組織的に蔵書を構成（形成），維持，発展させていくプロセスである。また，蔵書管理とは，蔵書を入力（選択や収集）から出力（廃棄）までを一本の線で結び，資料を常に良好な形で保管・保存し，利用できる状態にするプロセスである。蔵書構成は「想像力とブックセンス」[1)] を積み重ねた知識集中型で拡張志向の高い作業であり，蔵書管理はときには抑制志向もともなう作業となる。そこには一貫性，継続性，計画性が要求される。本書では，「蔵書構成」という用語を蔵書管理の概念をも含めたものとして用いる。

図7.1はエヴァンスが1970年代に指摘した蔵書構成の発達する概念である[2)]。彼は蔵書構成を，「コミュニティ分析→蔵書構成方針→資料選択→資料収集→不要資料選択→蔵書評価→コミュニティ分析……」，という円環運動を描くものとしてとらえた。利用者ニーズと社会環境の変化に対応して新たな資料が追加され，不要資料は除去される。これによれば蔵書は変動を繰り返しながら発

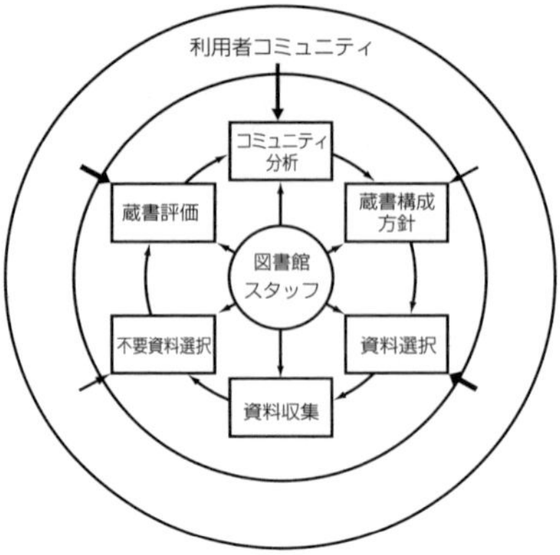


**図 7.1　蔵書構成プロセス**

（出所）Evans, G. E. & Saponaro, M. Z., *Developing library and information center collections*, 5th ed. Libraries Unlimited, 2005, p.8

展していく。この蔵書構成のサイクルは図書館が完全閉館されるまで短期，単年度，中・長期計画を織り交ぜながら永遠に続けられる。ランガナタンはこれを「図書館は成長する有機体」と表現している。

### (1) コミュニティ分析

図書館は，一部の図書館利用者だけでなく，コミュニティ（地域，社会，学校，大学，企業，など）全体の構成員に対してサービス提供することを目標とする。

コミュニティ分析とは，調査その他の方法によって，そのコミュニティの全体の特色や構造を把握・分析し，①利用者集団・団体及び非利用者集団・団体とその利用阻害要因，②個々人や諸集団がかかえる現状の問題点と課題点，③図書館の位置づけ，期待と要求，などを明らかにすることである。

現在の図書館，とくに公共図書館は，利用者の要求をすべて受け入れる立場をとる。そのため，蔵書構成にかぎらずすべての図書館サービスにおいて，図書館利用者になりうる人々（潜在的利用者）も含めて利用者ニーズの正確な把握が必要であり，正しい需要予測により，あらゆる角度からの要求にも応えられる蔵書を，リクエストに先だって構成してゆくことが求められる。

### (2) 蔵書構成方針

蔵書構成方針（資料収集方針ともいう）とは，図書館の目的に沿った蔵書全体の形成，管理を行うための具体的指針である。いわば図書館の運営方針を資料の側面から表したもので，収集すべき資料についての基本的な考えおよびそれを成文化したものである。蔵書構成方針は，その館の設置目的，サービス対象，予算規模等に基づく基本方針の一側面を担うものであり，その方針自体これらの各要素を基盤として作成されなければならない。「図書館の自由に関する宣言」（1979年改訂）では，サービス対象者に対してどのように資料が選ばれているかを伝え広く社会からの批判と協力を得るために「収集方針の作成と公開」が奨励されており，図書館ホームページに方針を公開する図書館も増えている。

IFLA/UNESCOのガイドライン[3)]では，盛り込むべき項目として①法規との関係（図書館法，図書館の自由に関する宣言，図書館員の倫理綱領など），②知的自由と検閲の問題に対する立場，③蔵書構成方針の目的および基本方針，④長短期計画の諸目標，⑤情報アクセス戦略（データベース導入，リクエストと相互貸借への対処など），⑥著作権など関係立法の関係，⑦コミュニティのニーズ，⑧蔵書構成要素（図書や雑誌など資料種別，参考図書，一般図書，専門図書などの管理組織別，利用者別，主題別，言語別）範囲とレベルと特殊コレクション（多文化資料，識字資料，障害者用資料など），⑨資料選択・廃棄・保存・保護の方法と方針，⑩予算配分・財政的な責任説明，⑪寄贈受入方針，⑫蔵書に対する要求と批判への対応，⑬管理基本方針の見直しと評価，などをあげている。

次段階である資料選択は何を資料として受け入れるか，（あえて言えば，大学図書館では何を受け入れないか）を決める行為でもあるので，日常の資料選択（収集・購入・受入，保存，廃棄）に際しての採否の判断基準を実務的にまとめたのが選択基準である。

1995年の調査[4)]によれば，公共図書館で，成文化された収集方針をもつ図書館は，回答館965館のうち466館で，住民に公開されているのは150館である。慣習法によるのは277館，その時々で判断しているのは222館であった。大学図書館では，資料選択は教員・研究者（大学では職員が原案を作り，教員が選択する傾向がある[5]），資料の組織化と提供は職員という分業が一般化している[6]のと，その時々の研究・教育の内容に収集資料が左右されるので，蔵書構成方針が定められていないことが多いようだ。資料形態，利用者とそのニーズ，利用形態は常に変化する。その意味では，蔵書構成方針はけっして固定化されたものではない。

### (3) 資料選択

図書館がある資料を蔵書に加えるかどうか，資料や選択ツールにあたって行う選択のことである。狭義の蔵書構成に相当する。蔵書は日々の１冊１冊の資料選択の積み重ねにより構成される。資料選択（選書ともいう）は，前段階の蔵書構成方針の収集方針と選択基準に従い行われる。資料選択には，①図書館資料を形成するための資料選択，②図書館資料から特定の利用者に適した資料選択，の２つがある。①は不特定多数の利用者を想定し，一定の蔵書構成を実現するために行われる。②は特定利用者の要求（リクエスト）を充足するために行われる[7]。資料選択は，担当職員，委員会方式，専門家委任方式で行われることが多い。時には，専門的知識と情報をもつ専門家に，評価や助言を得ることも必要であるが，最終的には図書館がその資料選択の責任を負う。図書館運営で必要な経費は，人件費，資料費，維持運営費などである。資料費は，①資料収集関係費と②資料保存関係費（製本費，補修費など）に区別できる。①には図書購入費（新刊図書，継続図書，特定利用者（学生／教員，成人／子供）用資料，参考図書，貴重資料，リクエストなど），逐次刊行物購入費（年間購読費，バックナンバー購入費），電子メディア購入／契約費，視聴覚資料購入費などである。

### (4) 資料収集

図書館がその活動に必要な資料を，一定の収集方針に基づいて計画的に選択し，受け入れること，およびその過程をいう。具体的には，①発注（新着図書，継続発注，一括発注），②納品・検品，③受入・資産登録・支払，④装備（蔵書・受入印の押印，ラベル，バーコード貼付，フィルムコートなど），⑤整理（目録・分類），

⑥配架（請求記号による書架への配置），の各プロセスを含む。収集形態には，購入，寄贈，資料交換，納本，会員購読などがある。受入には，有償（購入），無償（寄贈，編入，管理換え，弁償など），寄託の３種がある。

①の発注の際には，すでに所蔵されている資料を購入しないように重複調査が行われる。図書館がまったく同じ資料を２部以上所蔵することを「複本」と呼ぶが，場合によっては複本を用意することもある。継続発注（スタンディングオーダー）とは，シリーズや全集，雑誌のような継続資料を，はじめに注文した後は，発行の度に注文しなくても完結するまで継続的に購入できるよう手配する収集方法である。また，一括発注（ブランケットオーダー）とは，ある出版社から出ている資料（例：新書[8)]）はすべて購入する，ある著者の著作はすべて購入するなど，ある枠組みを設けてそれに合致する資料すべてを購入する収集方法である。選択の手間が省け，コレクション形成には有効だがコストがかかる。

交換とは，図書館が自館の刊行物や重複資料などを相手館に送付・提供することによって，相手館や類縁機関の刊行物を入手することである。寄贈と交換は市販されない資料（他大学紀要，各種団体の報告書）を収集するための有効な手段であり，とくに交換を通じての相互協力関係を結んでいくことが重要である。寄託とは，個人や団体の蔵書を期限付きで，利用者に提供することを条件に，図書館へ管理運用を委託する方法である。また，納本とは，設置母体の刊行資料の納入を義務づける制度で，行政資料や学内刊行物の収集に有効な方法である。会員購読とは，学会員になることによって学会誌の収集を行うことである。

### (5) 不要資料選択

不要資料選択は，現存の蔵書に対する「再選択」である。古い本が目立つようになると書棚の魅力は急速に薄れる。現在は，さまざまな制度の変化が激しく，技術革新も急速に進んでおり，常識とされていた知識が急速に陳腐化するため，利用者は新たな知識範囲の拡大，生活上・職業上の知識や技術のリカレント教育を必要としている。蔵書はOPACで検索可能であっても，大半の利用者は開架書庫にある資料のみで，情報欲求を充足するため，それにより図書館そのものまでを評価しがちなので，常に新しい資料を入れ替える必要がある。書棚の新陳代謝，蔵書見直し，スペース狭溢対策のために資料を書棚から抜き（除架という），保存，除籍，廃棄する資料の再選択を行う。保存されるものは開架から閉架書庫へ移され，除籍されるものは，図書館の資産台帳（原簿）から抹消され，廃棄（処分）されるが，これらの作業は，利用者の要求と資料の価値を見ながら慎重に行わなければならない。

ところで，利用と保存は相反する概念と考えられてきたが，資料が利用できるということは，資料が適切に保存されていることを意味する。利用できない状態の資料は，もはや図書館資料としての役割を果たせない。従来，保存といえば「大切に保管」することや，壊れたら「治す」ということだけに考えられていたが，「利用のための資料保存」[9]では，①防ぐ，②点検する，③取り替える，④治す，⑤捨てる，という５つの方策からなる。①②④は，オリジナル形態の保存，③は同じ本の買替，復刻版，他版購入，マイクロ・電子資料形態版購入などによる取替えである。これが図書館の保存機能である。

また，資料の劣化要因には，内的要因と外的要因がある。酸性紙問題（第1章表1.1参照）は内的要因である。酸性化を防ぐためには，脱酸処理，メディア変換，中性紙ボードでつくられた保存容器での保存がある。外的要因には，利用による劣化（消耗，磨耗，破損，汚損など），環境による劣化（温度，湿度，塵，埃，カビ，シミなど），災害による劣化（火災，水害など）がある。ふだんから配架などで棚を点検し，人と本が共存できる図書館内の温度と湿度を一定に保つ保存環境をつくり出し，また日干しによる虫害防止（曝書）とガスによる害虫やカビの除去（燻蒸）を行うことが必要である。

### (6) 蔵書評価

蔵書評価は反省のプロセスである。図書館活動を総合的な視点から客観的な尺度に従って蔵書構成を量的あるいは質的に評価し，かつ情報・資料提供にかかわる図書館機能をサービス目的，利用者ニーズ，サービス状況から調査，分析し，評価を行い，次のステップにつなげていくことを目的とする。蔵書評価には，外部機関の蔵書や文献リストと比較照合する「蔵書中心の評価」と，パブリック・サービス部門（利用者サービス部門）等を通じて得られる利用状況の各種データ，利用者アンケート調査による蔵書の満足度による「利用者中心の評価」がある。複数の方法を組み合わせていった調査の結果から蔵書構成の方針，計画，および手順の見直しを行う。

蔵書中心の評価法[10]には，①チェックリスト，②直接蔵書調査法，③比較統計分析法，④蔵書基準適用法，がある。利用中心の評価法には，①貸出調査法，②館内利用調査法，③利用者意見調査法，④書架上の入手可能性の調査法，⑤相互貸借の統計分析法，⑥シミュレーション調査法（引用調査法と資料提供テスト法），などがある。これらの方法を紹介する『ALA 蔵書の管理と構成のためのガイドブック』（日本図書館協会，1995）や，JIS ハンドブックの『情報基本』（日本規格協会）に収録される「図書館パフォーマンス指標：ISO11620：1998，X0812：2002」を参照していただくことにして，本書では詳細な解説を割愛する。

## 2　蔵書構成方針のタイプ

塩見は，利用者要求を軸にして，蔵書構成方針には，「……なので……の資料は収集しない」という抑制型と，利用者にサービスの広がりを感ぜしめ資料への要求を積極的に喚起する文章からなる拡張型の２つのタイプがある[11]，と指摘している。すべての要求を受け入れる公共図書館の蔵書構成方針は拡張型が望ましいが，固定的かつ詳細なもので資料選択そのものを縛るよりは大きな枠組みを設けて，これまでの重点収集項目をまとめていくのが好ましい。注意したいのは，拡張型の蔵書構成方針をいくらとろうとも，「予算がないので購入しない」「書架が足りないので購入を控えよう」では結果的に抑制型になってしまうこともある。蔵書には，施設と予算，そして蔵書を構成・維持・管理する職員体制（スタッフ）や業務のシステム化などの裏づけが必要である。場合によっては，年平均増加冊数や書庫と配架スペースなど保管・保存から逆算する蔵書の管理も必要である。

## 3　資源共有（リソースシェアリング）の理念

資源共有とは，各図書館が利用者サービス向上のため，あるいはコスト削減のため，複数の図書館同士がさまざまな協力関係を結ぶことである。それによって利用者の情報や資料へのアクセスを実質的に拡大したり，図書館が個別にサービスを提供する場合よりも高い費用対効果で図書館サービスを提供したりすることが可能となる。

さらに，資源共有にはもうひとつの機能がある。それは，利用者が所属するコミュニティおよび図書館の規模によって起こる情報格差の解消である。図書館は館種を問わず，情報資源を共有することで情報格差を縮め，平等なアクセスを提供する社会的役割を担っていると考えるべきである。

石井[12)]は，資源共有の活動領域を，図書館サービスにおいて何を共有するかという観点から，①資料・情報資源の共同構築，②資料・情報資源の共同利用，③書誌情報の共同構築・利用，④人的資源（あるいは知識）の共同利用（例：研修プログラムの協同実施，人員交換），⑤情報システムの共同構築・利用，の5つに分けている。

井上[13)]によれば，共同（相互）利用の展開過程には，①「利用」の共同化である「相互貸借」，②「利用」のみならず「整理」をも含む共同化の「コンソーシアム」，③「利用」「整理」「収集」までを含む図書館業務の全過程の共同化の「通信ネットワーク」，がある。①のイメージは単館通しの「点と線」，②のイメージは複数館による「面」，③のイメージは複数館の「構造化」である。

公共図書館界では，都道府県立を中心とした図書館間の相互貸借と利用者の広域利用等が主となっているが，大学図書館界では，書誌ユーティリティである国立情報学研究所を中心とした学術情報システムNACSISを基盤にして，共同分担目録や相互貸借を行っている。また，高額化する電子ジャーナルについては複数館（コンソーシアム）による共同購入の例もある。

資源共有は，理念からいえばどんどん行うべきことだが，具体的な根拠に基づいて効用とコスト（大赤字では続かない）を評価して行う必要もある。公共図書館には利用の無料原則があり，他館からの借用に対しての流通コストを利用者に求めることは難しい。実際にはどのような方策がとられているのだろうか。

## 4　蔵書構成と相互貸借

図書館の蔵書は意識する，しないにかかわらず限界がある。日本での1年間に出版される商業出版物をすべて購入するには約2億円が必要である[14]。各館の資料購入費と書庫収容能力では，資料・情報要求の多様化と出版の増加に対応することは不可能であり，また全分野領域に渡って蔵書を発展させていくのは不可能である。各図書館の蔵書は，同傾向の蔵書構成はあってもまったく同じということはありえない。ここで，その各図書館の蔵書構成の違いを利用することで，蔵書規模を仮想的に大きくすることができる。戸田[15]によって，区市町村図書館のような同種図書館間の所蔵図書は重複率が比較的高くなるが，都道府県立と区市町村図書館のように性格の異なる図書館間の重複率は低くなることが実証されている。資源共有によって図書館はある分野の収集レベルを現状で維持したり，下げたりすることが可能になる。また，この違いは，たとえば同一自治体内の合同選書などで人為的につくり出すことも可能である。

ただし，都道府県立図書館からの支援は別にして，他館依存の蔵書構成となるようでは本末転倒である。また刊行間もない図書の借用依頼や依頼の集中から他館への貸し渋りが起こらぬよう相互貸借の規則の再確認が必要である。

アメリカで1948年から72年までに行われた外国資料の協同収集計画であるファーミントンプラン（Farmington Plan）は，参加図書館に対し，地域や国，あるいは主題別を割り当てて分担収集を行った。その後，アメリカ議会図書館が開始した全米収書目録計画（National Program for Acquisitions and Cataloging）に引き継がれ，各国で刊行された学術的に価値の高い出版物を網羅的に収集するという取り組みがなされた。

## 5　リクエスト制度

リクエスト制度とは，要求された資料の所蔵の有無にかかわらず図書館側がなんらかの方法により，リクエストを出した利用者にその資料を一定期間内に提供することである。つまり，利用者の求める資料が貸出中あるいは未所蔵のために利用できない場合に，後日提供（購入と予約）を約束するサービスである。多数のリクエストが集中する同一資料，大学教員が指定した授業に直接関係する指定図書（リザーブブック）については，利用者の入手可能性を高めるために複本を用意することもある。また，受け入れたすべての資料・情報要求のなかで，蔵書構成方針や選択基準の範囲を越えると判断した場合には，自館の蔵書規模と予算，入手可能性，主題，価格，内容などを勘案して，他館からの相互貸借，文献複写等の協力を得ることがある。通常は，提供よりも資料収集の方が大きな制限を受ける。こうしてみると，蔵書は制限の産物でもある[16]。

このリクエスト制度は，大学図書館では購入は収集手段として，予約と相互貸借は提供手段として認識されているので別々の係によって行われるが，公共図書館ではひとつの連続した業務として行われ，重要な資料収集手段となっている。いずれにしても，利用者が気軽にニーズを図書館側に表明できる環境・雰囲気づくりが必要である。

1992調査[17]（1992）によれば，公共図書館がリクエストされた図書を提供するまでの平均日数は，貸出図書の返却待ちが平均12日，未所蔵図書の購入が平均28日，借用が平均10日であった。2007年調査[18]では公共図書館全体の90%がこの制度を実施しているが，受付方法（来館，館内OPAC，WebOPAC，電話，FAX），冊数・件数に制限を設ける図書館も存在している。

## 6　図書館の自由に関する宣言

1954年に採択され，1979年に改訂された「図書館の自由に関する宣言」（以下，「自由宣言」という）は4つの主文からなる。①図書館は資料収集の自由を有する，②図書館は資料提供の自由を有する，③図書館は利用者の秘密を守る，④図書館はすべての検閲に反対する。これらは約半世紀に渡る思想統制と出版物検閲に加担した「思想善導」機関として国家権力に迎合した反省から生まれた。そのなかで資料選択については，住民に適切な判断材料を提供する，政治的・社会的関心の対立意見はそれぞれの立場の資料を幅広く収集する，著作を著者の思想的，宗教的，党派的な理由で排除しない，個人的趣味・支持による選択の戒め，外部からの圧力や干渉による選択の放棄や自己規制の戒め，理由がないかぎり資料を特別扱いしたり書架から撤去したり廃棄したりしないことを宣言している。

## 7　自由宣言の侵害の例

自由宣言の侵害は，大半が図書館員による侵害や，図書館の自主規制によるものである[19)]。たとえば，2005年に復刊された『ちびくろサンボ』は黒人差別を生むとして1988年にいったん絶版となったものであるが，図書館は教育関係者の廃棄の声に従い，十分な判断力のない子どもに差別意識や偏見をもたせないようにすることを理由に，閲覧制限を行うなどの自主規制を行った。また，千葉県の司書によるある特定著者の資料廃棄事件では，2005年8月の判決で著作者に図書館による差別的な廃棄をされない「言論を守る権利」が保障されることとなった。侵害の例は図書館内部だけでなく，無知な制作者によるテレビドラマやアニメでも見られ，それらのドラマやアニメのなかでは図書館員による利用者のプライバシー侵害が平然と行われている。山口真也[20)]は，1967年から2001年までに出版され，図書館が登場するマンガ作品を分析し，本来許されないプライバシー漏洩が漫画のなかでは当然のように行われている，と指摘している。

## 8　個人情報保護法

2003年に制定され，2005年4月に完全施行された個人情報保護法（制度）が，本書で取り上げた図書館活動，とくに蔵書構成や蔵書管理に与える影響は小さくない。しかし，図書館における個人情報保護はすでに何十年も前から行われてきたことである。1979年に改訂された「自由宣言」の第3項には「図書館は利用者の秘密を守る」とあり，利用者の秘密を守ること＝個人情報保護，とまず考えてもらいたい。

個人情報保護法は関連5法から成る。同じ「図書館」であっても，設置母体によって依る法律が異なるので注意が必要である。ただし，基本は個人情報保護法である。

公共図書館…………個人情報保護条例

国立大学図書館……地方独立行政法人法

公立大学図書館……行政機関法

私立大学図書館……個人情報保護法

専門図書館（民間の場合）………… 個人情報保護法

日本図書館協会が，2005 年 4 月 20 日に配信した個人情報保護への見解[21]を紹介しておく。「（個人情報保護）法の対象は，民間団体が収集保存している個人情報であって，図書館などが所蔵し提供している資料は対象とならない。図書館が個人情報を含む資料を利用者に提供することは，書店が本を販売することと同じ行為であり，一般的にそのこと自体，この法律は対象としない。その資料に問題があるとすれば，それを出版した者がまず問われることになる。個人情報が掲載されているからと言って，収集を控えたり，安易な提供制限をしたりすべきではない」。公開の制限は図書館が検閲機関になってしまうことを意味する。

## 第 2 節　公共図書館の資料選択理論

カーノフスキーによれば，図書選択論には，図書の価値を基準とする価値理論（value theory）と，読書の要求をもとに構成される要求理論（demand theory）があり，フィスクは両立場を質志向型と要求指向型と呼んだ[22]。公共図書館の資料選択にはジレンマが常につきまとう。次の文章がそれを如実に表現しているだろう。

「図書館は大衆的に読まれる本，売れる本だけを揃えては無料貸本屋と同じようになってしまう。公共機関として多様性のある本の文化を守るため借りる人が少ない本でも資料的な価値を重視して購入すべきだ。いや，利用者あっての図書館で，貸出率を増やすことは税金の有効な使い方である。図書館の役割をめぐる議論は古くて新しい」[23]。

## 1　アメリカの資料選択理論

アメリカの資料選択については，河合弘志の研究の集大成である『アメリカにおける図書選択論の学説史的研究』（日本図書館協会，1987）を参照するのがよいが，500ページ近い専門書であるため，抜粋して簡単に説明しておく。

19世紀半ばの選択理論のひとつに，通俗的な図書（たとえば，フィクション）を読めば，自然により秀れた図書を読むにいたるとの読書の自己啓蒙，自然向上への信頼に基づく選択理論があった。しかし，19世紀末になると，通俗書の利用がやがて良書の利用に向上する機能を期待できないことがわかってきた。そのため，利用者の読書要求を肯定するフィクション，産業革命の進行から技術書を肯定する選択理論に移行していった。その時期について教育的価値を第一とする教育主義から，読書要求を肯定することで，価値理論の時代から要求理論の時代に移ったと，カーノフスキーは指摘している。

マッコルヴィンは，要求の価値と量を測定し，両者の指数の積を表出指数として蔵書構成を行うべきだとし，要求を顕示と潜在に分け後者を優先することを主張し，ウェラードは潜在的興味で主題別蔵書構成を評価する方法を提案した。また，ゴルドホアは，図書館が読書のために図書を選択するときは，利用者の性向，図書の特徴，および図書館の機関目的を選択基準とすべきと主張した。このように，アメリカにおける資料選択理論は，価値理論から要求理論へと移行し，それが図書館の目的や館種の違いを基礎に，資料の選択を行うとする目的論にシフトし，さらには個々の資料の選択のみならず，蔵書全体の構造的な発展を意識した蔵書構成という概念のもとでの資料の選択論として進化したが，「望みのものを提供する」[24]という利用者の直接要求を重視するボルチモア郡立図書館の徹底した活動も見られ，混沌とした部分もある。

## 2　日本の公共図書館の資料選択理論

公共図書館，とくに区市町村立図書館は，①明治以降から戦前・戦中まで，

②戦後の「図書館法」,「自由宣言」の成立から『市民の図書館』刊行まで,③『市民の図書館』(1970) 以降,の３段階の概念の変化を経たと考えられる。公共図書館はその度にサービス内容(「入館料徴収」から「無料」へ),サービス対象者の呼称(「入館者」から「利用者」へ),利用方法(「閉架」から「開架」書庫へ),などを変化させてきた。その結果,インテリ層や学生だけでなく市民,住民,児童へと利用者は広がりを見せたのである。

カーノフスキーの理論に当てはめるならば,『市民の図書館』以前は,戦前の国家的思想統制に基づく選択理論は消えたものの図書館が国民に「良書」を与え,国民を教育する,という良書主義であり,その図書の中身を一冊ずつ吟味し,判断することから「価値論」の時代ということができる。仁上[25]によれば,古典的な価値理論には,①禁欲主義,②厳粛主義,③教養主義,④根性主義,⑤権威主義,⑥紙＝活字フェティシズム,⑦事勿れ主義,がみられるという。一方,『市民の図書館』以後を,良書主義や国民指導・教育的図書選択を排除し,市民の要求を重視する方針のもとで「適書」を選ぶことから「要求論」の時代と呼ぶことができる。人本位であり市民の利用と向き合う要求論と資料本位であり古典的な価値論の間には対立軸が見て取れる。しかし,この二つの概念は資料選択の理念を把握するには適しているが,実際に行われている選択を説明するには十分ではない。「価値論」の時代といわれた明治から戦前・戦中期にあっても要求に配慮した選択理論が存在したことが判明している[26]。古典的価値論の追求だけで形成された蔵書,あるいは住民アンケートだけで形成された蔵書は果たして実在するだろうか。

河井[27]は,購入される図書の大部分は,価値論と要求論の両条件を満たすと指摘したうえで,「価値論と要求論が対立するのは,価値の観点からみて受け入れられない図書が利用者から要求されたとき,および図書自体は高い価値をもちながら,購入しても利用されず書架上に眠る時である」としている。

## 3　要求論

要求論を考えるうえで確認したいのは,潜在的な要求が確実にありながら,図書館は収集対象とせず，また，利用者も要求しないものがある，ことである。

根本彰[28]によれば，要求論には，利用者の要求する資料はどのようなものでもすべて蔵書として選択し，資料の価値判断を利用者に委ねる「絶対的要求論」と，原則として利用者が要求する資料を選択するが，一定の基準を設けて，これに合致しない資料については選択しない，という部分的な制限を含める「制限的要求論」がある。制限する基準として，河合[29]は，「図書館の目的」を，根本[30]は公共性概念と蔵書の例示性を掲げた。絶対的要求論の側に立つといわれる伊藤昭治と山本昭和の考えはかなりユニークで，まず価値論的基準の徹底的排除を行い，次に「蔵書構成のよしあしは結果として，貸出冊数となって表れるもの」[31]というように，貸出しから蔵書を逆算し，利用者の直接要求であるリクエスト，要求の多いベストセラーの複本を重視している。

先述したように，「公共図書館は利用者の要求をすべて受け入れる」ことから，絶対的要求論が図書館サービスの前提となっているのは間違いない。しかし，文学作品はともかく，それ以外の資料選択も要求の大小のみで成り立つだろうか。下記にあげる現場の図書館員に行われたアンケート結果報告を読んで資料選択について考えてみてほしい。

みんなの図書館編集部「私の選書」『みんなの図書館』No. 163（1990.12）pp. 39-51

鈴木佳子「アンケートから見た公共図書館の選書の現場」『みんなの図書館』No. 350（2006.6）pp. 47-63

## 4　ベストセラーと複本問題

西暦2000年を前後として，出版不況により，出版業界からは，図書館でのベストセラー本の大量購入や無料貸出しの是非について意義が唱えられ，文芸団体からは，貸出冊数に応じて著作者に補償金を支払う制度と新刊図書の貸出猶予期間の設定が提案された。図書館／出版業界の両者とも公共図書館行政の貧困さについては意見が一致したものの，相互の諸事情・問題点に対する無知，無理解，不見識が露呈してしまった。

図書館は本当に作家の権利を侵害するほどの貸出しを行っているのか。2003年10月に日本書籍出版協会と日本図書館協会が共同で「公立図書館貸出実態調査」[32]が行われた。調査の結果は，文芸ベストセラーの1館当たりの平均所蔵冊数は政令市4.2冊，大規模市（人口30万人以上）3.5冊，小規模都市（同10万人未満）2.1冊，村1.0冊であった。一部の話題本のみに貸出集中の現象は見られたが，ベストセラーのみに貸出しが偏重しているわけではなかった。ただ一部の文芸書に「図書館提供率」が30%に達したものもあり，市場に影響を与えたと思われるものも存在した。この結果からいえるのは，次のようなことである。

① 都市部と地方の図書館の貸出傾向や蔵書構成は同じとはいえない。

② 必ずしもベストセラー依存の資料選択が行われているわけでない。

③ 大衆読み物でない受賞作の収集率の低さから，画一的・均一的な「金太郎飴的な蔵書」[33]が形成されているわけではないが，多様な蔵書構成が実現できているともいえない。

## 5　包括的所蔵調査と共栄のための実証的な分析の必要性

大場ら[34]は，2006年上半期に刊行された書籍から無作為に抽出した5032点を対象に，公共図書館4481館，大学図書館1234館，国立国会図書館NDLの所蔵状況の調査を行った結果，館種別全体でみると，公共図書館（91%），大学図書館（59.3%），NDL（79.0%）の所蔵率であった。どの館種も話題性重視の収集状況はみられず，公共図書館は他の2つの館種以上に網羅的に収集を行っていることがわかった（むしろNDLの未所蔵率を問題視すべきかもしれない）。わずか半年分の調査のため，公共図書館の多様な蔵書構成を証明する材料とはいえないが，このような調査は定期的かつ網羅的に行われる必要がある。しかし，公共図書館には保存の義務がないことを忘れてはいけない。

計量経済学の手法で行った中瀬[35]の分析によって，貸出しが書店売上げに与える影響は概ね，(1) 貸出しにより書店の売上げはむしろ増加する，(2) ただし，個々のレベル（例えば図書館周辺の中小書店）では減少していることも否定できない，以上２点が判明した。彼は続いて，マクロな面では図書館と書店は共存可能であるので，これからは売上増のために図書館の活用の模索とさらなる実証分析の必要性を提言した。

ここで本節（第２節）のはじめに戻ってほしい。たしかに，図書館には読まれない作家や出版社の本を買い支えていく使命はない。需要が提供をつくるのではなく，提供が需要をつくると考えるならば，人々に本との出会いを提供するにはどのようにすべきだろうか。ランガナタンの法則である「すべての人に求める図書を」と「いずれの図書にもすべての読者を」を両立するのは難しい。しかし図書館と出版業界がともに文化を継承・発展させていく基礎的な役割を担うと考えるならば，図書館も社会の一部であることを認識し，図書館活動の基礎となる出版物を産出・販売する作家，出版社，取次，書店との対話，意見交換[36)]により理解を深めるとともに，この問題を図書館の収集・選択・提供の問題のみでとらえるのではなく，保存を含めた問題としても考えてほしい。

■注 ――

1）岩田雅洋『図書館をつくる』アルメディア，2000, pp. 65

2）Evans, G. E. & Saponaro, M. Z., Developing library and information center collections, 5th ed. Libraries Unlimited, 2005, p.8

3）国際図書館連盟公共図書館分科会ワーキング・グループ編（山本順一訳）『理想の公共図書館サービスのために：IFLA/UNESCO ガイドライン』日本図書館協会，pp.77-79

4）JLA 図書館の自由に関する調査委員会「図書館の自由に関する全国アンケート（1995 年 7・8 月）結果と概要について（その 1）」『図書館雑誌』Vol.91, No.4, 1997 年 4 月，pp.264-265

5）JLA 図書館調査事業委員会「大学図書館 2005 年ミニ付帯調査結果：図書館資料の選書（選定）について」『図書館雑誌』Vol.101, No.1, 2007, pp.42-43. 大学，短大，高専合計 1597 校全体の 96％に何かしらの選定委員会が存在する。

6）「日本の大学図書館における図書選択の実情：アンケート結果報告」『図書館雑誌』Vol.66, No.9, 1972 年 9 月，pp.18-23

7）Drury, F. K. W., Book selection, American Library Association,1930, p.xi. 彼の理論では，②は特定利用者のために，「蔵書の中から適書を選んで与える過程」であるが，ここではリクエストとした。

8）大場博幸「所蔵における優先序列：市町村立図書館における新書の選択」『常葉学園短期大学紀要』No.40, 2009, pp.21-35. 大場によれば，認知されたベストセラーが優先され，それ以外は需要の多寡と属するシリーズ（例：岩波新書や岩波ジュニア新書）が優先される傾向がある。
9)『防ぐ技術・治す技術：紙資料保存マニュアル』日本図書館協会，2005, pp.1-5
10) OPACを利用した評価法の例として挙げる。辻慶太・芳鐘冬樹「複数図書館のOPACを利用した蔵書評価の可能性」『日本図書館情報学会研究大会発表要綱』第58回，2010, pp.73-76
11) 塩見昇ほか「収集方針の意義と作成」『図書館界』Vol.31, No.1, 1979年5月，p.10
12) 石井啓豊「資源共有の新展開とILL/DDサービスの展望」『情報の科学と技術』Vol.49, No.8, 1999, p.378
13) 井上如「リソース・シェアリングと図書館：ILLの心と形」『情報の科学と技術』Vol.43, No.11, 1993, pp.978-985
14) [出版ニュース]編集部「日本の出版統計：『出版年鑑2011』年版にみる書籍，雑誌，出版社」『出版ニュース』2011年5月中・下旬号，pp.8-10. 新刊点数78,345（点）× 新刊1点当たりの点数による単純平均定価2,363円。
15) 戸田あきら「蔵書の重複分析による公共図書館ネットワーク効果の研究」『図書館界』Vol.47, No.1, 1995年5月，pp.2-12
16) 清家正彦「絵本『ちびくろサンボ』をどう取り扱うか」『みんなの図書館』No.164, 1991, p.38
17) 日本図書館協会編『公共図書館における「予約業務」に関する実態調査報告書』日本図書館協会，1992, p.56
18) JLA図書館調査事業委員会「予約とリクエストについて：2007年公共図書館調査ミニ付帯調査結果報告」『図書館雑誌』Vol.102, No.1, 2008, pp.52-53
19)「こらむ図書館の自由」〈http://www.jla.or.jp/portals/0/html/jiyu/column.html〉[Last accessed: 2011.12.31]『図書館雑誌』に1991年から連載されている同コラムをまとめて読むことができる。自由宣言の侵害例や遵守のための心得などが掲載されている。
20) 山口真也「漫画作品にみる図書館の自由：利用者の秘密を漏洩する図書館員」『沖縄国際大学日本語日本文学研究』Vol.6, No.1, 2002, pp.A31-A60
21)「個人情報保護法と図書館資料の扱い」『JLAメールマガジン』251号，2005/4/20発信〈http://www.jla.or.jp/portals/0/html/archives/251.txt〉[Last accessed: 2011.12.31]
22) 河井弘志『アメリカにおける図書選択論の学説史的研究』日本図書館協会，1987, pp.1-10
23)「不況？多様化？図書館利用者増える」『産経新聞』1999年5月23日東京朝刊，p.14
24) ボルチモア郡立図書館ブルーリボン委員会（山本昭和，井上靖代訳）『望みのものを提供する：住民のための図書館経営』日本図書館協会，1999, 165p.
25) 仁上幸治「選書基準をめぐる冒険（2）」『現代の図書館』Vol.33, No.2, 1995, pp.126-127
26) 新藤透「明治期刊行の図書館学専門書にみられる選書論について」『図書館綜合研究』No.8, 2009, pp.1-20. 新藤透「大正期刊行の図書館学専門書にみられる選書論について」『米沢国語国文』No.38, 2009, pp.75-99. 新藤透「昭和初期刊行の図書館学専門書にみられる選書論について」『山形県立米沢女子短期大学紀要』No.45, 2009, pp.27-48
27）河井弘志「図書選択理論の争点」『現代の図書館』Vol.33, No.2, 1995, pp.91-96
28）三浦逸雄・根本彰『コレクションの形成と管理』雄山閣出版，1993, pp.175-180
29）河井弘志『アメリカにおける図書選択論の学説史的研究』日本図書館協会，1987, p.467
30）根本彰「要求論の限界とコレクション形成の方針」『図書館学会年報』Vol.36, No.3, 1990, p.123
31）山本昭和「本をどう選ぶか」『図書館雑誌』Vol.93, No.6, 1999, p.445
32）『公立図書館貸出実態調査報告書：2003』日本図書館協会：日本書籍出版協会，2004, p.64
33）『公立図書館貸出実態調査報告書：2003』前掲書，pp.59-60
34）大場博幸・安形輝・池内淳・大谷康晴「図書館はどのような本を所蔵しているか：2006年上半期総刊行書籍を対象とした包括的所蔵調査」『第58回日本図書館情報学会研究大会（2010年10月9日）』〈http://itasan.mydns.jp/temp/nichiyoukai/ohbaagataikeuchiotani2010.pdf〉[Last accessed: 2011.12.31]
35）中瀬大樹「図書館は書店と共栄する」『出版ニュース』2012年6月中旬号，pp.4-9
36）松本功「出版社として図書館に望むこと」『現代の図書館』Vol.45, No.1, 2007, pp.27-31

## 考えてみよう・調べてみよう

1. 雑誌「文藝春秋」の2000年12月号（78巻15号）に掲載された作家・林望の論文「図書館は「無料貸本屋」か：ベストセラーの「ただ読み機関」では本末転倒だ」を読んで，その真偽についてみんなで議論をしてみよう。結論が出ない場合は，どのような客観的な判断材料が必要か指摘してみよう。
2. 1年間の予算額を決めて，未所蔵資料の予約を認めるリクエスト制度を運用する場合，どのような規則や制約が必要になるかを話し合ってみよう。また制約なしのリクエストを認めた場合に起こりうる問題点を話し合ってみよう。

## 読書案内

河井弘志『図書選択論の視界』日本図書館協会，2009年
安井一徳『図書館は本をどう選ぶか』勁草書房，2006年
田村俊作・小川俊彦編『公共図書館の論点整理』勁草書房，2008年

# 第8章
# 蔵書構成の方法

蔵書構成方針を公式化するにあたっては，コミュニティ調査，現在の蔵書内容調査，さらに図書館に期待されているサービスについて明らかにする必要がある。図書館のサービス対象者であるさまざまな人々の移り変わる要求に対し，固定的にではなく，その要求を絶えず承知し，理解しなければならない。

図書館サービスを表す有名な言葉として，①利用者を知ること，②資料を知ること，③利用者と資料を結びつけること，がある[1)]。蔵書構成はまさしくそれを実践するプロセスである。本章では，公共図書館と大学図書館を対象に，エヴァンスの蔵書構成の概念に従って，各プロセスを選択的に説明していく。

## 第1節　蔵書構成と利用者ニーズの把握

### 1　コミュニティ分析

コミュニティ分析の目的は，サービス対象者である利用者を知ることにある。そして，その結果から，潜在利用者をも含めた利用者の需要予測（ニーズ）を行う。利用者の属性（性別，年齢，職業，業種など），行動（利用形態），意向（欲求），行動結果から割り出したニーズの分析に基づき，また代替的なサービスへのアクセスをも勘案して，利用できる図書館サービスの優先順位を定める。そのためには，コミュニティの構造的理解が必要である。

『蔵書管理』の著者ワートマン[2)]は，蔵書構成を考えるうえで，公共図書館については，「まず利用者が必要としているものは何かを理解しなければならない」としている。

### (1) コミュニティ全体の把握

1つの例が，設置母体あるいはコミュニティに属している団体や機関が作成した報告書や研究成果の利用である。自治体であれば『○○市の現状と課題』，『○○市住民意識調査』，大学であれば『○○大学の現状と課題』，『○○大学自己点検・評価報告書』がそれにあたる。それらは，インタビューやアンケート調査，各種統計を基礎とし，コミュニティ構成者の属性（性別，年齢，学歴，職業，業種，家族構成），コミュニティの歴史，特徴，伝統などの基本情報がコンパクトにまとめられ，現在の問題点や課題点が指摘されるとともに今後の方向性が示されている。図書館がコミュニティの情報基盤として正常に機能するためには，所属コミュニティへの理解を深めたうえで，設置母体と意見交換し，連携を図るのが望ましい。

### (2) 公共図書館の利用者

公共図書館は，自治体住民すべてがサービス対象者となる。図書館のサービス対象者には，未利用者と現利用者の2つのタイプがある。未利用者には，図書館にまったく興味のない人のほかに，外国人，障害者，高齢者，非識字者など，利用する可能性がありながらなんらかの原因があって利用できない人々（潜在利用者）も含まれる。利用を阻害する主な要因は，図書館への距離と立地，移動手段の有無，時間的制約（図書館の開館時間など），言語的制約，身体的制約などである。現利用者とは，図書館を利用する習慣のある人々をいい，ごくたまに利用するライトユーザー，月に数回利用するミドルユーザー，非常によく利用するヘビーユーザーというように分けることができる。資料の貸出サービスを受けるには利用登録が必要である。2010年4月1日現在の区市立図書館（809自治体のうち設置自治体796）と町村立図書館（941自治体のうち設置自治体501）の利用登録率はそれぞれ38％と55％である[3)]。自治体間の広域利用協定等で利用者は複数の図書館から貸出サービスを受けることができる。

毎日新聞の「読書世論調査」（1999）[4)]では，図書館の利用については，①男性より女性の利用率が高い，②女性は50代まで全般的に利用率は高いが，10

代後半と30代は著しく高い，③男性の利用率は全般的に低いが，10代後半の利用率は飛びぬけて高い，④男女を統合すると，全体で10代後半と30代の利用率が著しく高く，40代以降は徐々に減少してゆく，⑤高学歴であればあるほど図書館利用率が高い，⑥中小都市部より大都市部の利用率が高い，⑦職業別では，学生，主婦，事務職，経営・管理職などの利用率が高い，という利用傾向が報告されている。これらを実際の自治体住民属性と比較してみよう。

このように考えると，その図書館がサービスをするうえで最大多数の利用者群を見つけ出すことができる。ワートマン[5)]は，青少年，通俗文学の読者，学生，一般読書人，政治・社会に関心をもつ市民，学者または研究者，専門職をあげている。日本の状況を考えると，それらに主婦も加えることができるだろう。各ユーザーの特性を考慮して蔵書構成を行い，貸出しやレファレンス・サービスの徹底と広報戦略を展開することで，未利用者をライトユーザーに，ライトユーザーをミドルユーザーに，ミドルユーザーをヘビーユーザーへと段階的にシフトさせていくことができる（図8.1参照）。ただし，図書館は，公共的役割等の観点から，そのような最適利用者集団ではなく，別の少数の利用者群で構成されている，なんらかの理由で図書館を利用できない潜在利用者を優先しなければならないこともある。

### (3) 大学図書館の利用者

主な利用者は教職員，研究者，大学院生，学生である。学生は所属学部・学科・専攻，学年，性別で区分を行う。また教員は学部・学科より科研費細目表の専攻区分と年齢による区分を行う方がより学問分野を反映したものとなる。カリキュラムやシラバスに掲載されているコースや開講科目から教育内容を，教員データベースから教員の研究内容を分析し，興味ある主題とそのレベルを把握するように努める。

## 2　ニーズの定義

利用者の要求を「ニーズ」という言葉に置き換えることにしよう。ニーズとは，

「相手が欲するもの」「求めているもの」「変えたいもの」を意味する。欲している，求めているということから，「現時点ではないもの」であり，「なくて困っているもの」であるといえる。

斎藤[6)]は，ラインによる，「ニーズと図書館利用に関わる概念」[7)]を次のようにまとめた。①本人が意識するとしないにかかわらず，個人が仕事，研究，教育，レクリエーションなどのために得るべきもの（ニーズ），②個人が得たいと思っているもので，図書館等に対するディマンズとして表現されることも表現されないこともある（ウォンツ），③個人が図書館等に対して請求するもの（ディマンズ），④利用：個人が実際に利用するもので，偶然利用してみたら役に立ったというように，必ずしもウォンツに対応しない（ユーズ・利用），であり，要求（requirements）をニーズ，ウォンツ，ディマンズの３概念を包括する語として規定している。

## 3　ニーズの把握

マッコルビンによれば，利用者の要求には明示的欲求（顕在的欲求）と非明示的欲求（潜在的欲求）の２つがあり，図書選択は後者を基準とすべきとしている[8)]。図書館が利用者のニーズをすべて把握することはできないが，利用者のニーズのなかで，顕在的欲求については，利用行動の結果である貸出し（書架をブラウジングして自分の要求を満たすものを発見した），利用者からの質問，それを書き留めた質問記録，あるいは蔵書の不十分な主題領域と購入すべき遡及資料を示すリクエスト（購入，予約，相互貸借），文献複写記録，蔵書検索ログから測定可能である。一方，潜在的欲求を把握するには，コミュニティ分析，読書世論調査，図書館を利用していない潜在的利用者も含めた住民アンケート調査，利用・リクエスト統計などが有効であるが，①「ある潜在的要求」が充足されたかどうかは，事後的にしかわからない，②潜在的要求は，定義上完全に満たされることがない[9)]，ことから非常に難しい面がある。

読書調査の主なものとして，毎日新聞による読書世論調査と学校読書調査，読売新聞による読書世論調査，および家の光協会による全国農村読書調査が

表 8.1　公共図書館の情報ニーズ

| 情報ニーズ | 情報の種類 | 具体例 |
|---|---|---|
| 情報入手<br>調査研究 | データ情報 | Spot Information, fact, data 統計<br>図書のあるページ，雑誌論文中のある箇所<br>辞書の項目（さらにその一部）＝引用 |
| 教　　育<br>（自発的学習） | プログラム<br>情報 | 学習，技術の修得，ノウ・ハウ，<br>図書，文献等の通読 |
| 文化活動<br>レクリェーション | サービス財的<br>情報 | 小説，芸術作品など |

（出所）丸山昭二郎ほか『主題組織法概論』 紀伊國屋書店，1986，p.9

ある。毎日新聞は新聞紙面上での調査報告に加えて，冊子体として『読書世論調査』を，調査翌年に毎年出版しており，1991 年版，1994 年版，1999 年版，2003 年版，2006 年版，2009 年版には，図書館関連の項目がある。性別，地域別，職業別で回答が集計されており，読者（利用者）の経年変化を読み取ることができる。

### (1) 公共図書館の利用ニーズ

図書館法の第 2 条，「一般公衆の利用に供し，その教養，調査研究，レクリエーション等に資する」ことから，公共図書館へのニーズは，少なくとも教養・教育ニーズ，調査研究ニーズ，読書ニーズの 3 つと考えることができる（表 8.1）。変化する社会の中で地域社会は，地方分権，国際化，財政困難，少子高齢化など，市民・住民は子育て，学業，就職，年金，健康，介護などさまざまな課題，問題に直面している。調査研究ニーズには，①課題発見型の情報ニーズ（状況展望，アイデア触発），②課題解決型の情報ニーズ（傾向把握，事実探索）の 2 つ[10]があるが課題解決やコミュニティ構成員の生活上の問題解決という調査研究ニーズもあることを認識してほしい。

カーノフスキーは，ウェイプルズが示した読書行動の 3 要因，①興味，②図書の読みやすさ，③手に入りやすさ，に加えて，④宣伝，⑤著者の信頼性，を指摘したうえで，興味以外の要因が揃えば，読書行動は起こる[11]としており，読書ニーズを考えるときには念頭に入れたい。日本書籍出版協会の 2011 年調査[12]によれば,「好きな著者の新刊が出たとき」「新聞・雑誌に書評がでたとき」「本屋・車内等でPOPを見たとき」に,注意が喚起され,興味が生まれ,インターネットで検索を行い,入手行動に至るという結果が出ている。

### (2) 大学図書館の利用者ニーズ

ワシントン大学による1998年の利用者調査[13]によれば,教授陣と大学院生は,①印刷媒体コレクションの質の維持,②デスクトップにフルテキスト(注:論文全文)の提供,③Webを通じての目録データベースの配信(注:Web OPAC)を希望し,一方,学生は①コンピュータ数の増加,②課程用資料の電子提供(と電子予約),③図書館およびWebリソースの利用とその訓練,を望んだ。両者の希望するところはかなり異なるが,所有かアクセスかの二者択一ではなく,利用者は所有もアクセスも希望している。また,この結果から,人文科学および社会科学の分野の利用者の間では,印刷媒体コレクションが依然として高い優先順位を維持しているため,これらの学科に関しては,印刷媒体から電子媒体コレクションへの移行を科学やテクノロジーの分野よりも遅いペースで実施すべし,と助言している。

## 4 図書館の利用形態と情報提供方法

図書館の利用形態は,オンサイト型,オフサイト型,オンライン型,ネットワーク型の4つに分けることができる。オンサイト型とは来館して館内で資料を利用する館内滞在型,オフサイトとは来館して資料を借り出して館外で利用する資料帯出型,オンライン型とは来館・非来館を問わずデジタル資料にアクセスして利用する型,およびネットワーク型とは来館せずデジタル資料にアクセスして利用する型,のことである。

呑海[14]は,情報通信技術の発達のなかで変化する「利用者と図書館の関係性」を4段階に分け,それぞれの段階におけるニーズや利用類型を明らかにしている(図8.1)。専門図書館には蔵書が利用者を決める側面がある。公共図書館も,ホームページ等での蔵書検索(OPAC)と複数館の総合目録の公開により,

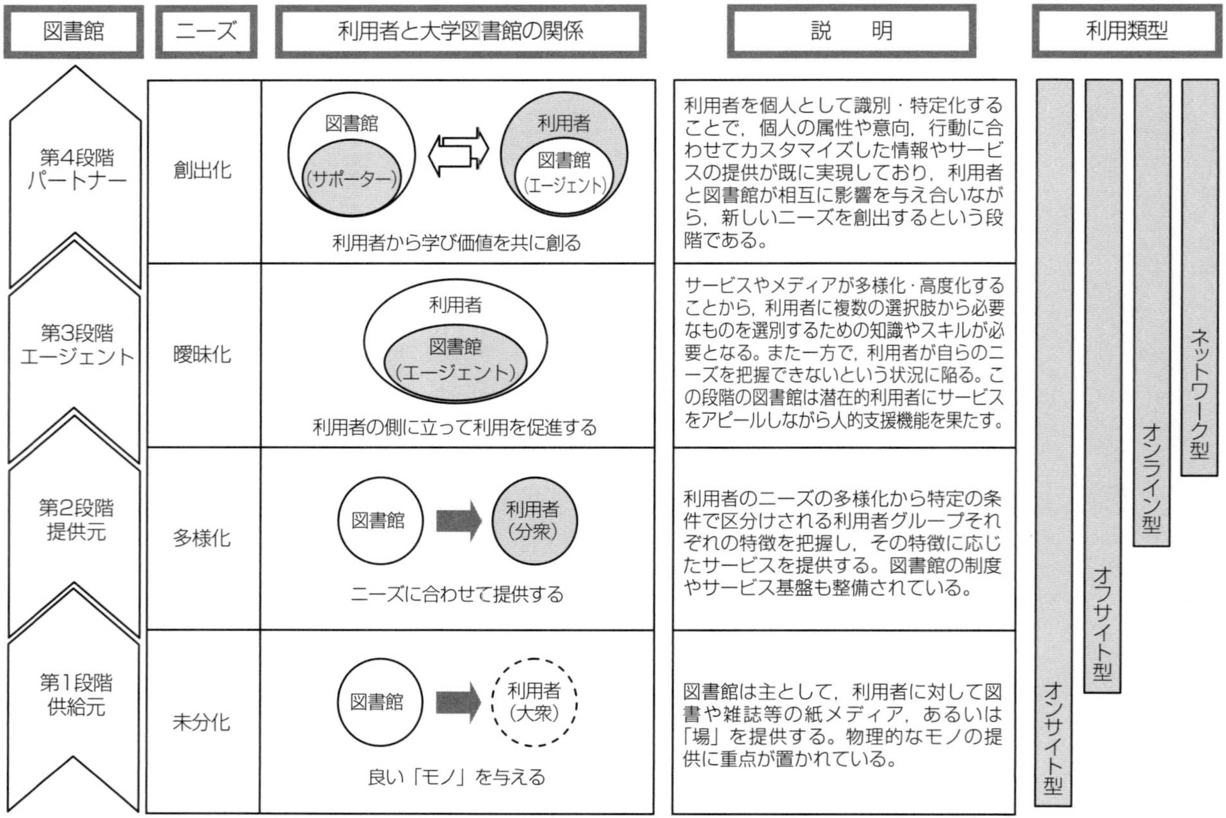

図書館
ニーズ
利用者と大学図書館の関係
説　明
利用類型
第4段階
パートナー
創出化
図書館
(サポーター)
利用者
図書館
(エージェント)
利用者から学び価値を共に創る
利用者を個人として識別・特定化することで，個人の属性や意向，行動に合わせてカスタマイズした情報やサービスの提供が既に実現しており，利用者と図書館が相互に影響を与え合いながら，新しいニーズを創出するという段階である。
第3段階
エージェント
曖昧化
利用者
図書館
(エージェント)
利用者の側に立って利用を促進する
サービスやメディアが多様化・高度化することから，利用者に複数の選択肢から必要なものを選別するための知識やスキルが必要となる。また一方で，利用者が自らのニーズを把握できないという状況に陥る。この段階の図書館は潜在的利用者にサービスをアピールしながら人的支援機能を果たす。
第2段階
提供元
多様化
図書館
利用者
(分衆)
ニーズに合わせて提供する
利用者のニーズの多様化から特定の条件で区分けされる利用者グループそれぞれの特徴を把握し，その特徴に応じたサービスを提供する。図書館の制度やサービス基盤も整備されている。
第1段階
供給元
未分化
図書館
利用者
(大衆)
良い「モノ」を与える
図書館は主として，利用者に対して図書や雑誌等の紙メディア，あるいは「場」を提供する。物理的なモノの提供に重点が置かれている。
オンサイト型
オフサイト型
オンライン型
ネットワーク型


**図 8.1　利用者と図書館の関係性の変化**

（出所）呑海沙織「利用者志向の図書館サービス－変化する利用者と図書館の関係性」『図書館雑誌』Vol.99, No.11, 2005, pp.784-785 より作成蔵書が利用者を決める側面が出てきており，館内中心の滞在型の利用者だけでなく，時間的・地理的に図書館を利用できない潜在利用者のために，オンライン型やネットワーク型の仕組（例：インターネットを利用した資料予約と非来館型の資料受取りの組合わせ）が求められている。また小規模な図書館でも情報通信技術や図書館ネットワークを活用することで多様な情報と資料の提供も可能である。

しかし，オンライン型とネットワーク型の利用が進んだからといって場所としての図書館の機能が軽視されるわけでなく，徹底したサービスを提供することで，最終的には来館利用を目標におく。

## 第2節　蔵書構成方針と資料選択

公共図書館は，住民への直接的なサービスよりも，むしろ自治体内の区市町村立図書館への支援サービス（貸出援助，参考調査，補完的サービス，保存）を行う第二線図書館（都道府県立）か，地域住民の身近な図書館として直接的なサービスを提供する第一線図書館（区市町村立）であるか，さらに中央館か，分館か，移動図書館かでその蔵書の性格が決まる。

一方，大学図書館は，「学部の種類，規模等に応じ……教育研究上必要な資料を……系統的に備えるものとする」と，大学設置基準にもあるように，総合大学か単科大学か，専門分野と開講科目，大学院の有無，中央図書館か部局図書館（学部図書館，研究所・研究室図書館）の有無によって蔵書の性格が決定される。

各館種別の図書購入費の決算額と年間図書購入冊数から図書1点当たりの平均価格を算出し[15]（表8.2），これに発行形態と販売対象別の平均価格[16]（表8.3）を比較してみよう。館種別の収集傾向がわかるはずである。

### 1　収集範囲とレベル

アメリカの研究図書館グループRLGは，大学図書館などの図書館ネットワークにおけるコレクションの相互調整，個別館のコレクション評価および蔵書

表 8.2　館種別の図書資料費
(公共図書館 2008 年，大学図書館 2009 年)

| 館種 | 1 冊購入平均単価(円) |
|---|---|
| 都道府県立 | 2,689 |
| 区市立 | 1,443 |
| 町村立 | 1,410 |
| 国立大(中央) | 5,614 |
| 国立大(分館) | 4,920 |
| 国立大(合計) | 5,350 |
| 公立大 | 3,357 |
| 私立大 | 4,995 |
| 短期大 | 2,596 |
| 高専 | 2,017 |

(出所) 『日本の図書館』2009 & 2010 より

表 8.3　発行形態別・販売対象別の書籍平均価格
(2010 年)

| 発行形態 | 平均価格 (円) |
|---|---|
| 単行本 | 1,442 |
| 文庫本 | 625 |
| 新書本 | 799 |
| 全集・双書 | 1,618 |
| 事典・辞典 | 3,101 |
| 図鑑 | 1,741 |
| 絵本 | 1135 |

| 販売対象 | 平均価格 (円) |
|---|---|
| 一般 | 960 |
| 教養 | 2,567 |
| 実用 | 1,452 |
| 専門 | 4,492 |
| 女性 | 1,312 |
| 児童 | 1,083 |

(出所) 『出版指標年報』2011 より

構成方針記述のために，コンスペクタスと呼ばれるツールを開発した。これは資料の範囲と優先順位の構成を具体的に記述したもので，蔵書レベルを５つに分けて考えている。(　) 内は筆者が付け足した。

⓪ 収集対象外　(収集しない)

① 最低レベル　(最新の基本的著作のみ)

② 基礎情報レベル　(入門・基礎＝一般，学生 1・2 年レベル)

③ 学習・教育支援レベル　(理論・応用＝学生 3・4 年レベル)

④ 研究レベル　(発展＝院生・教員レベル)

⑤ 網羅レベル　(すべての関連著作)

公共図書館は，要求の多い文学作品関係の資料費は十分な予算を確保する。それ以外の主題分野は，たとえば生涯学習の拠点として義務教育を修了した人々が「通信制の大学のレポート作成に不自由しない「蔵書」」[17] というような利用者群別の具体的な目標設定を行う。質の高い蔵書とは専門書や学術書を揃えることではなく，一般市民の目線に立ち，入門→基礎→理論→応用というような段階的に学習が進められ，理解しやすく，比較検討でき，親しみやすい形態の資料を集めることである。

公共図書館にコンスペクタスを適用する場合，どの段階まで収集するかを NDC の百区分や千区分の主題毎にコンスペクタス番号の②を入門書・実用書・教養書，③を専門書，④を学術書として当てはめ，前年度と今年度の予算額，受入冊数，貸出冊数等を勘案しながら，次年度の蔵書レベルを上下（資料割合を増減）させることで，購入すべき冊数，それに割くべき資料費を偏らず配置することができる。

大学図書館の中央館や単独館については，学部・学科とは関係ない部分については⓪または①とし，関係ある部分については②～④とすることで，「入門→基礎・理論→応用→発展」というように学生が段階を追って学習・研究し，次の段階（大学院生，研究者）に進めるように整備する。また，学部・研究所の研究図書館・図書室（すなわち専門図書館）については，①～②を最小限とし，③と④を中心に，場合によっては⑤も意識する。

## 2　収集範囲と方針

公共図書館と大学図書館の蔵書の収集範囲と方針を，野瀬[18]の考えを参考に筆者がまとめた。

### (1) 都道府県立図書館

①広域の地域社会を対象とし，あらゆる利用層のための幅広い蔵書を形成する。②調査・研究のための参考図書館として参考図書を充実する。③区市町村立図書館に対し相互貸借を通じて援助を行うための専門的レベルの図書を収集する。④広域の地方行政資料・地域資料を収集する。⑤図書館未設置地域に対し移動図書館などによる直接サービスを行うための資料を整える補完的サービス（区市町村立の分館の方針に近い資料）。⑥地域の情報基盤となるテーマ別収集（例：教育支援，子育て支援，高齢者支援，消費者情報，ビジネス支援，健康づくり支援，医学・医療情報提供，環境情報，法務情報提供など）。⑦新聞記事や雑誌記事索引などの二次情報データベースへのアクセス保障。

③と⑤については全く正反対の蔵書を構成することになるが，共通しているのは収集目的がはっきりしていることである[19]。

### ⑵ 区市町村立図書館

①地域住民の日常生活に役立ち，リカレント教育を実現するための教養書，実用書，趣味，レクリエーションなどの一般図書を中心に収集する。②児童・青少年図書を充実する。場合によっては学校図書館と連携するための資料。③各市町村とその周辺の地方行政・地域資料・パンフレット，広報紙，イベントのポスター，チラシ，ビデオを収集する。④日常的課題に応える参考図書を収集する。⑤高齢者のための大活字本。⑥障害者向け資料。⑦外国人のコミュニティが存在する場合は，多文化サービスを可能にする洋書・洋雑誌の収集。⑧地域の情報基盤となるテーマ別収集（例：教育支援，子育て支援，高齢者支援，ビジネス支援，健康づくり支援，医学・医療情報提供など）。⑨自治体（行政や議会）政策決定や行政事務に必要な資料・情報の整備。

分館の蔵書構成は，①～⑨すべてにバランスを保つ必要はない。分館は貸出しと読書相談に重点をおき，中央館で「よく利用される本」と「よく利用されるよい本」[20] で構成してもよいだろう。また企業が多い，高齢者や子どもが多いなど地域性を考慮したものとなるだろう。

地方出版社や中小出版社が発行する書籍は，図書館が唯一の出会いの場となる可能性が高い。また，医学・医療情報については，一般的な健康雑誌や家庭の医学情報だけでなく，闘病記や患者会資料などの病と向き合ってどう生きるかという「生き方情報」の提供[21] も求められている。

### ⑶ 大学図書館　（中央図書館と単独館）

①各大学の建学の精神・教育目的・内容に沿った研究・学習のための資料を体系的に収集する，②学生の広く人間形成に役立つ教養書，基本図書を収集する，③学内外の参考調査に応える専門的参考図書の収集，④学生，研究員，教員の研究に必要な学術研究資料の収集，⑤特殊コレクションの構築，⑥二次情報データベースと電子資料へのアクセス保障，など。

大学の蔵書構成方針は，①文部科学省の教育行政・改革と社会の要請，②大学の教育研究の動向と運営方針・計画，③カリキュラム改正，学部・学科の新設と改廃，あるいは教員の転入・転出，などに影響を受けるので，②と③で頻繁な変更が繰り返されると，迷走する可能性があることを指摘しておく。

## 3 資料選択

資料選択，いわゆる「選書」は，図書館の蔵書を形成するうえで重要な役割を果たすがすべてではない。公共図書館の資料選択の特徴は，刊行直後の新刊書中心の選択・購入である。一方大学図書館の選択の特徴は，新刊書だけでなく，刊行後しばらく経過した既刊書，古書の購入も対象に選択を行っている点にある。選択方法は大きく分けると，現物を直接手にして内容の確認をしてから行う直接選択，および出版流通の各段階で作成される情報源を用いて行う間接選択の2つがあり，入手手段も複数ある。

資料選択は，資料の中味を1点ずつ点検・吟味して選ぶに越したことはないが，商業出版物でも年間8万点の新刊書が発行されており，事実上不可能である。確実な出版情報の把握のために登場したのが資料選択ツールである。資料選択のためのツールには，出版案内，出版情報誌，広告，出版社からのダイレクトメール，書評，書誌・目録類などがある。直接選択と間接選択を組み合わせることでより適切な資料が収集できると考えられる。

### (1) 直接選択

見計い購入[22]とは，書店や取次が図書館の収集目的や動向を事前に予測し，注文を待たずに持ち込むことである。いち早く話題の新刊本が入手できるメリットがある反面，図書館の希望に沿わない，書店が売りたいと思う新刊が持ち込まれることもあるので，的確な判断が要求される。これは返品可能である。しかし，この見計い購入については都市部と地方とでは流通コストと年間購入額の折り合いが合わないという理由から行われていないことがある[23]。

アプルーバルプラン（一括見計い購入）とは，図書館が提示したある特定の主題，レベル，言語という条件，および予算を基に，業者が準備した出版物を原則返品なしですべて購入する方法である。

### (2) 間接選択

**カレントな選択ツール**　官公庁出版物と商業出版物の両者を同時に把握できるものは，国立国会図書館の『日本全国書誌』(週刊) のみである。

図書館では，商業出版物情報の把握のために，取次系の出版情報誌 (週刊) が比較的使われており，図書館流通センター TRC『新刊案内』，トーハン『新刊情報』，日販『ウィークリー出版情報』などがある。これらには，書籍の表紙写真，解説，販売対象 (一般，教師，専門家，大学生など) が付与されており，網羅性，精確性，速報性に優れている。洋書については，日本の『出版ニュース』に相当する *Publishers Weekly* (アメリカ)，*The Bookseller* (イギリス) がよく利用される。ただし，出版情報誌だけでは書籍の内容を把握しにくいため，図書の内容や特色を具体的に紹介し，具体的な評価を下すとともに，その存在を読者に知らせる，という機能がある書評を組み合わせることもある。新聞書評には，ベストセラーではなく，専門書や中小出版社の出版物が紹介されることが多く，参考にされることが多い。『読売新聞』の書評選定基準では，「多くの人に関心をもってもらいたい，いい本を選ぶ」[24] としている。

官公庁資料の把握には，政府資料普及調査会資料センターの『政府資料アブストラクト』や，国立国会図書館の『日本全国書誌』が用いられる。前者は選択的，後者は網羅的で精確であるものの，両者とも速報性に欠ける。官公庁資料は常に後追い選書になりやすい。

**遡及的な選択ツール**　前年の商業出版物の把握に利用されるものとして，『ブックページ本の年鑑』と『出版年鑑』がある。前者には内容・要旨・目次が付与されている。また，既刊在庫情報の把握に利用されるものとして，『日本書籍総目録』の Web 版「Books.or.jp」(冊子体版はない)，*Books in Print* (アメリカ)，*Bowker's British Books in Print* (イギリス) がある。

図書館が選択する資料は，書店で販売される商業出版物に限定されるわけではなく，書店で「買えない資料」である官公庁資料も対象となるので，『日本全国書誌』を軸に複数の選択ツールの併用が望ましい。

## 4　価値判断

「資料の持つ主義・主張，思想，考え方等は読み手である利用者ひとりひとりの自由な判断にゆだねられます。これは，図書館が本の主義・主張を支持するわけではないと同時に，その本の内容についての判断もしないという考え方にもなり得ます。本の内容を評価して，本の価値判断をして，公権力としての公共図書館が本を選ぶ事そのものが問題との意見もあります。」[25]という考えがある。

価値を選択基準とするには２つの段階を経る[26]。①図書をその内容によって判断することが許されるか。②その判断基準が果たして社会的に妥当か。

清家[27]は，「資料提供の一部」として，そして「制限の産物」としての資料収集（＝蔵書構成）があると指摘したうえで，「蔵書の基本的性格は，住民の資料要求の予測」であり，蔵書は「非特定の資料要求を特定化するための「例示」の要素を持つ」とし，「どの資料に頼るべきか，あるいは何か自分にふさわしい資料はないかと迷っている住民に対し，必要な資料を「例示」することが出来る」とした。

彼は，さらに資料収集の際の判断には，①資料の内容についての判断ではなく，蔵書としての判断，②「例示」の範囲内での（［より優れた，あるいは正確な資料］かの）内容評価・判断はありうる，としている。蔵書としての判断とは，「ある資料が，住民要求に適合しているかどうか，また，図書館が住民に例示する資料として適当かどうか，また，図書館が住民に例示する資料として適当かどうか，あるいは蔵書全体として書架の多様性を保障できるかどうか，蔵書全体として特定の立場に偏らないかどうか」である。

例示のためには，必ずしも新刊本に利用者の求める回答が掲載されているわけではないので，新旧の同一分野の類書を集めることが要求される。「より優れた，あるいは正確な資料」の選択を，資料の優劣ではなく，書誌学的要素を資料選択の基準とすれば，①資料の形態（書写や印刷様式），②材料（製本，装丁など)，③用途，④内容（情報，データの新しさ，正確さ)，⑤成立の変遷（書誌来歴の異同)，などの事柄をあげることができる。大学図書館で参照されるものとして，ヘインズの一般図書評価法[28]があり，①著作の主題・範囲，②著者の権威，③著作の質，④特徴（索引，図版，地図，書誌，付録)，⑤読者にとっての価値，の5つをあげている。

## 5　学問分野別の情報・資料の特性

図書館で扱う情報は，文学だけではない。分野によって評価するポイントが異なるので注意してほしい。学問分野と専門領域で利用される情報や資料の特性を知り，整理しておく必要がある。次章で述べるように，研究成果が発表されるメディア，研究の緊急さやサイクル期間の長短は学問分野によって異なる。ここで予習を兼ねて戸田[29]，大庭と後藤[30]，栗原ら[31]，柴山[32]，が指摘した学問分野ごとの情報の特性を確認しよう（表8.4)。自然科学・技術は，最新情報が重要であり，古い資料は一般的に価値がない，とされる。

## 6　資料選択の考え方

神戸市立中央図書館の貸出調査[33]によれば，全体として2割の蔵書で5割の貸出し，5割の蔵書で8割5分の貸出しを支える，という。蔵書規模による影響を除くために貸出延べ冊数を蔵書冊数で割って得られる，蔵書1冊当たりの貸出回数に相当する数値を貸出回転率というが，浦安市立図書館の貸出回転率（蔵書回転率とも）調査[34]では，よく貸し出される図書がある一方で，数回しか読まれない図書がある。また同館ではその年に出版された図書の貸出しは2割程度だが，開館当初に購入した20年前の図書にも一定の需要がある，と報告している。80対20の法則が成立する一方で，ロングテールの現象も見られるのが特徴である[35]。

たとえば，貸出記録，レファレンス記録などを用いてNDCの百区分表あるいは千区分表に貸出延べ冊数を集計すれば，よく利用される分野とそうでない分野を識別することができる。貸出回転率の低い分野においてリクエスト（予

表 8.4　学問分野別の情報の特性

| 学問分野 | 文科系 | 理科系 |
|---|---|---|
| 対象 | ひと | もの |
| 普遍的言語記述 | 困難 | 数式などで可能 |
| 研究手法 | 実験的研究と歴史的研究 | 実験 |
| 情報資源の中心 | 文化情報資源や社会情報資源 | 最新情報 |
| 研究情報 | 歴史的業績をもとにした，多元的で，多義的な，質や意味が問題となるような内容 | 速さ，新しさ，正確さなどを基本とした内容を普遍的な言語である数式で表現したもの |
| 研究情報の特色 | 複雑で，範囲が広く，捕らえにくい | 構造や範囲が比較的明確 |

| 学問分野 | 人文科学 | 社会科学 | 自然科学 |
|---|---|---|---|
| 対象 | 人間そのもの | 人間社会 | もの |
| | 人間の創造した文化 | 人間を取り巻く社会環境ならびに社会現象 | 普遍的言語である数式表現が基本 |
| 研究情報の特性 | ①過去に遡るような情報が重要である。遡及探索が必ず求められる。 | ①新しい情報とともに，過去の情報が求められる | ①新しい情報が中心で，しかもその量が他分野に比較して急激に増加 |
| | ②編年体あるいは年表形式の記述が有効 | ②過去の情報は包括的な遡及探索が要求される | ②情報を掲載する媒体が多様になり，情報の分散化が見られる |
| | ③最新情報とともに，過去の情報が必須 | ③過去の参考文献の書誌・目録・索引の蓄積情報が豊富 | ③英語で発表されたものが主流 |
| | ④関連分野も含めて広範囲な情報が求められる | ④研究者自身が歴史的，社会的な存在であるため，社会科学の理論も歴史的な影響を多く受ける | ④数式で表現するのを基本として，国際的に発表されるため，全世界の研究情報を対象 |
| | ⑤概説，概念なども重要 | ⑤過去の記録文献を詳細に研究することが重要 | ⑤研究が発表されるまでのタイムラグが急速に短縮化 |
| | ⑥書誌的，批判的情報が要求される | | ⑥情報の標準化がかなり普及 |
| | ⑦個人を中心とした独自でユニークな情報が重要 | | ⑦情報処理技術への対応が速い |
| 専門資料の保存と廃棄 | | | |
| 保存期間 | 長い | 長い | 短い |
| 学的特性 | 個性記述的 | 個性記述的 | 法則定立的 |
| 研究者の利用 | | | |
| 雑誌利用傾向 | 各々の対応分野内の利用が主：和雑誌が多い | 各々の対応分野内の利用が主：和雑誌が多い | 各々の対応分野内の利用が主：洋雑誌が多い |
| 大学図書館全体 | | | |
| 大学図書館全体の雑誌所蔵傾向 | 和文誌の比率が圧倒的に高い | 和文誌と欧文誌の比率が同じくらい | 欧文誌の比率が高い。和文誌は分野が分散 |
| 洋雑誌所蔵比率が高い研究領域 | 言語学 | 経済学，経営学 | 理学では，物理と化学。生物では生化学 |

約・相互貸借）の請求が多い場合には資料選択，ひいては蔵書構成の見直しにつながる。

三村[36]は，利用者がそこで何かの発見ができるような，想像力を掻き立てるような，そして手に取りたいと思えるような「豊かな蔵書」のために，蔵書について，「密度」「速度」および「深度」の3つのキーワードをあげ説明している。これは，分野ごとの資料に賞味期限や読書欲求のレベルがあるのを前提としている。

密度とは，現蔵書の利用や利用者が求めるであろう資料の分布状況をさす。利用者要求を全分野に渡り俯瞰した図ともいえる。これを3段階で考える。

- 低密度（利用や要求があまりない分野）
- 中密度（利用や要求がほどほどの分野）
- 高密度（利用や要求が多い分野）

速度とは，その資料が利用されるであろう期間，食品でいえば賞味期限にあたる。これも次の3段階とする。

- 高速度〈超フロー〉（速度　0～1年）
- 中速度〈フロー〉（速度　0～5年）
- 低速度〈ストック〉（速度　5年以上）

深度とは，その分野の資料に対し多くの利用者が求めるであろうレベルである。

- 浅深度（入門書，概説書など）
- 中深度（応用的，やや専門的）
- 深深度（かなり専門的，あるいは高度な技術を扱う）

三村の考えは，除架や廃棄といった不要資料選択にも利用できる。たとえば，次の質問に対し，あなたはどう答えるだろうか。

Q1. 利用の賞味期限が短い（高速度の）本と長い（低速度の）本とはどのようなものか指摘せよ。また，このような本の深度はどのようなものか。

Q2. 利用が少ない（低密度の）分野について貸出しを阻害する要因を考えたうえで，速度と深度をどのように改善すべきか指摘せよ。

Q3. 類書（同傾向，同内容の本）がすでに蔵書としてある場合，新しい本を購入するか否かを決める判断基準を，「密度」「速度」「深度」を考慮に入れながら示せ。

前村[37]は，資料選択時の注意点として，「利用される／利用されない」「要求されているか／いないか」のほかに，「どういう人がどういう目的で利用するか」「どういうかたちで提供すれば利用されるか」などを考慮し，利用にいたるまでに図書館が実行すべき手段や方法（配架場所，配架方法，PR，要求の掘り起こし等）も意識すべきであると指摘している。

## 7　蔵書バランスと多様性

本書では蔵書について「バランスを保つ」とか「多様性」という表現を所々で用いた。これらは何を意味するのか。1981年から2010年までの分野別新刊出版点数（（　）内は2010年の全体に占める割合）は，ほぼ①社会科学（20%），②文学（16.6%），③芸術（14.8%），④技術（10.9%），⑤自然科学（8.7%），の順となっている[38]。一方公共図書館蔵書全体（都道府県区市町村立）の収蔵量は，①文学（32.2%），②社会科学（11.5%），③芸術，歴史（ともに8.1%）の順となっている[39]。分野別出版点数に対応した分野別収集比率（配分バランス）ではないことが明らかなように，ここで言う「バランス」とは，第6章で述べた図書館の4機能あるいはその図書館が蔵書構成方針で決めた配分バランスをいう。山重[40]は資料費が十分に確保できない場合には，戦略的なポイント（分野）を設けて充実させることで，蔵書自体にダイナミックな動きのある方向性（アクセント）を示すことも必要であると論じた（戦略的蔵書構成論）が，否定的な意見[41]もある。

一方，「多様性」とは選択肢の多さである。蔵書に影響を与える一要因として，大場は蔵書調査[42]により，既存蔵書のなかの類書（同傾向，同内容の本，対立する意見のある分野）の有無を指摘している。新（あたらし）[43]は，蔵書の多様性は，資料そのものの性質ではなく，他の蔵書との関係，いわゆる類書の有無・量で決まるとしている。もちろんそれは新旧含め，利用者が段階的に学習・理解できるように配置されるのが望ましい。豊田[44]は，類書は利用価値の観点から50倍にも100倍にもなると同時にマイナスにもなると指摘し，資料選択・不要資料選択は単なる数の増減ではなく，「四則演算」であると論じている。

## 8　雑誌と新聞の問題

雑誌と新聞は発行回数が多いため，図書館では未着や利用による紛失等で欠号が生じやすく，図書館の受入タイトルが多ければ多いほどその把握が後手にまわることもある。最新号については貸出期間の短縮，館内利用の制限が行われることがある。一定期間の利用が終了し次第，利用頻度の高いものは散逸防止のために合冊製本される。合冊製本は1巻分を1冊にするというように，あるいは厚さに応じて行われるが，雑誌背表紙の特集記事見出しが見えなくなるというデメリットもあるため製本を行わないこともある。

### (1) 保　存

雑誌と新聞の大きな特徴はその速報性にある。消費的情報が多いことから，その賞味期限が過ぎると廃棄されることが多い。新聞と雑誌は消耗品扱いであり製本されず資産登録されないことが多い。しかし，時間の経過とともに，その時々に関心の高いテーマが取り上げられていることもあり，歴史的資料としての価値が徐々に増す，という性質をもっており，保存ができれば図書館の貴重な資料となりうる。また，新聞と雑誌は発行日を過ぎると入手しにくくなる。その意味では，新聞と雑誌の収集・管理は，図書以上に繁雑であり継続性が要求される。大宅壮一文庫は読み捨てされる傾向のある週刊誌，総合誌，女性誌などの一般雑誌を多数所蔵する専門図書館である。また，保存できなくとも，東京都立多摩図書館や神奈川県立図書館の雑誌創刊号コレクションのように一部を残すだけでもユニークなコレクションとなりうる。

### (2) 蔵書としての新聞・雑誌

公共図書館と大学図書館の大きな違いは洋雑誌を含む所蔵雑誌のタイトル数

である。大学図書館は，雑誌費にかなりの予算を割いているが，公共図書館はそうとはいえず，新聞・雑誌所蔵数は多いとはいえない[45]。山本哲生[46]によれば，図書館問題研究会が，「すべての図書館が最低［雑誌］200種を購入する」という政策を1980年代に打ち出したが，達成できていない図書館は多い。資料費削減の影響は図書より雑誌へ如実に現れる[47]。さらに，「購入雑誌が少ないにもかかわらず同じ雑誌に集中する傾向」[48]がある。大場[49]の調査によれば，市町村立図書館の雑誌選択には質的な基準があり，内容的に問題のあるタイトルの所蔵が制限される傾向と，発行部数の多さだけでなく，とくに創刊年の古さを優先する傾向が確認されている。雑誌数確保のために，企業による雑誌購入負担の代償として，その雑誌表紙に企業名のラベルを貼る「雑誌スポンサー制度」が注目を浴びている[50]。

雑誌利用には，新着雑誌の利用以外にバックナンバーの利用がある。雑誌を図書館の情報資源として位置づけるならば，根本[51]は，①バックナンバーの保持体制，②それを検索するための記事索引の効果的な導入，の2つを条件としてあげている。なお，雑誌選択ツールについては，第4章第1節第2項を参照されたい。

## 9　排架と書架・書庫の点検

資料が有効に利用されるために，資料は常に一定の位置に配架されている必要がある。そのために日々の配架と書架整理（書庫整理）が，請求記号等の配列順序，いわゆる日本十進分類法（NDC）順の配列に基づいて行われる。

新着図書や新着雑誌のための専用書架を一般書架とは別に設けて，ある一定の期間だけ別置したり，また美術全集のような大型本，文庫や新書などの小型本など，大きさによって別置したりすることも少なくない。また，利用が一時的に集中するもの，たとえば大学図書館における教員の指定・推薦図書，小中学校の課題図書，季節に応じた実用書なども，別置の対象となりうる。

利用の多い主題，あるいは特定主題の図書をまとめてコーナー（テーマ別資料展示コーナー）を設置している図書館がある。國松ら[52]のように，蔵書を活かすという観点から魅力的な棚づくりとは何かを追求し「NDCによらない配架（排架）の研究」を行っているグループもある。つまりNDCにこだわらない配列である。また斉藤[53]のように，「調べやすい図書館の環境は，同時に質問しやすい図書館でもある」として，参考図書と一般図書，雑誌を混配し，レファレンスを意識した書架づくりを提案するものもいる。

RFID（無線ICタグ）の利用も模索されている。無線チップを内蔵したタグを図書に貼付し，据付アンテナで読み取る方式は自動貸出や盗難防止に利用するだけでなく，配架や展示方法にも適用可能である。無線ICの範囲と感度の改善次第で資料をどこに置いてもいいわけで，書店のような資料を魅せるディスプレイも可能かもしれない。

図書館では，不明本などの把握のため，蔵書全体の現状調査として蔵書点検が年1～2回行われる。これは資料1点1点を目視によって確認する。これも無線ICタグの導入でこの作業は非常に短時間でできるようになってきている。この蔵書点検が定期的に行われなかったために，『朝日新聞』の1996年5月13日付1面で報道された「図書館消えた6万7000冊」のような所在不明本が社会問題に発展することもある。利用者の貸出手続を経ずして館外への無断帯出を防止するには，Book Detection System（BDS）の導入が考えられる。

## 10　不要資料選択

### (1) 書架スペース

書架収容率（書架スペース）は蔵書数を収容可能冊数で割ったものである。メカトフ[54]によれば，書架スペースが90％に達すると使用は不可能となり，86％がどうにか操作しうる最大限である。そのうえ書架収容力が75％に達したなら，図書館は追加スペースの確保に向けて着手しなければならない。たとえば，渋川[55]の調査によれば，大学図書館全体の施設面積と蔵書数は1970年代から急カーブを描いて増加し，図書館は巨大化している。それにもかかわらず『学術情報基盤実態調査結果報告』平成22年度（2011）[56]によれば，大学全体の書架収容能力と実際の蔵書量を比較すると，国立大学図書館の収容率は108

%，公立大学86%，私立大学80%となっており，国立大学の書架収容能力は，現時点ではゼロである。はっきり言えば，開館直後の新館でないかぎり，どの図書館も慢性的な書架不足に陥っている。現在の図書館は，所蔵資料をいかに有効に活用するかだけでなく，蔵書の減量さえも課題となっている。保存と廃棄の方針をあげれば，①収蔵方法の効率化，②図書館相互協力と分担保存・収集，③メディア変換・縮小化，最後に④不要資料の廃棄，の順となる。

収蔵方法の効率化には，開架書庫と閉架書庫・保存書庫の計画的・効率的な利用が必要である。閉架書庫・保存書庫には，コンピュータ制御された電動書庫や自動搬送装置による自動化書庫もある。

出版年別の貸出件数は，出版年が古くなるに従い減少する傾向がある[57]。利用者のみならず大多数の人々が，ふだん読みたいと思う資料は，たいていの場合「新しい資料」である。それを適用して貸出実績の少ない古い図書を開架書庫から抜く（除架する）ことが考えられる。「公立図書館の任務と目標の数値基準データ（2003）」[58]では，開架書庫に占める新規図書比は人口に合わせて年間11～13%と定めており，これによれば10年間で開架書庫は一新される。開架書庫から除架する基準として，①利用を主眼とした出版年や利用頻度による量的基準，②学術的価値を主眼とした質的基準，がある。②の質的基準で除架を行う場合，ヘインズの一般図書評価法などに照合して1冊1冊確認する作業となる。①の量的基準で行う場合も，学問分野や主題別における資料の利用傾向を確認する必要があり，単純なことではない。

一般に，自然科学分野は最新情報が重要であり，古い資料については一般的に価値がないとされる。栗原ら[59]は，人文社会科学分野は自然科学・技術分野より，単行書は雑誌より，国外雑誌は国内雑誌より，それぞれ利用が長期にわたることを指摘したうえで，NDC百区分に相当する研究領域ごとにそれぞれの賞味期限（資料の老化・寿命，obsolescenceともいう）を算出している。彼らは主題分野ごとにその年（あるいは複数年）に利用された資料の総数をそれぞれの出版年に振り分け，年度別に遡り，その累計百分比が利用の80%に当たる年までを開架書庫に置きそれ以前を閉架書庫に移動することを薦めている。

### (2) 共同保存

慢性的な書架不足から，資料保存は，ひとつの図書館だけでなく，日本の図書館全体での責任分担を考える時代となっている。保存に関して，国，都道府県立図書館，区市町村立図書館に保存機能の重要度と役割がある。区市町村立図書館は地域資料など特定の資料を除き，基本的に保存の責任はなく，保存庫をつくらない図書館もある。複数館の連携による保存形態には3つの方式（「一館集中型」「共同保存型」「分担保存型」）がある[60]。

一館集中型の代表例は，滋賀県立図書館である。県立図書館に，廃棄した市町村立図書館の資料を保存する図書館（デポジット図書館という）を設け，要求に応じて協力貸出を行う。共同保存型の代表例は共同保存図書館・多摩である[61]。これは複数の図書館それぞれで所蔵困難になった資料を一ヶ所に集め，共同で保存する仕組みである。分担保存型の例は，埼玉・富山・京都・岡山の各県で行われている域内各館の資料所蔵状況を確認しながら，地域全体であたかも一つの蔵書ネットワークを構成して，相互利用を最大限に活用するものである[62]。

一方で大学図書館は研究者からの研究資料の保存の期待や設置母体における財産処分の制約などから，利用頻度だけでは，大規模な除籍や廃棄を行うことはなかなか難しいので，大学図書館だけでなく公共図書館との保存の連携を模索していくべきであろう。ただし，洋雑誌については1977年から旧文部省が行っている国立大学附属図書館・外国雑誌センターによる分担保存型の例がある。コア・ジャーナル（次章参照）の継続購入を行いながら，国内未収集の4分野（理工学系，医学・生物学系，農学系，人文・社会科学系）の洋雑誌を複数館（9図書館）で分担して収集を行う。

## 11　蔵書構成・管理は体力である

本章の最後で資料の重さについて指摘しておく。資料1冊1冊は軽くとも，数十冊，数百冊という単位になれば，かなりの重量となり場所を取る。先述したように，日本の図書館は慢性的な書架不足に陥っており，今後は大量の埃まみれの古い資料を開架書庫から閉架書庫へ，閉架書庫から保存庫へ移動したり，除籍したりしなければならない。移動は3K（きつい，汚い，臭い）と呼ばれる作業であり，知力だけでなく，体力，気力もなければこの作業をやりとげられるものではない。蔵書構成は必ずしも楽な作業でない。

■注 ――

1）日本図書館協会図書館員の問題調査研究委員会編『図書館員の専門性とは何か』日本図書館協会，1976, p.199

2）ワートマン，W. A.（松戸保子ほか訳）『蔵書管理：背景と原則』勁草書房，1994, p.84

3）『日本の図書館：統計と名簿（2010）』日本図書館協会，2011, pp.24-25.「登録率＝登録者数／図書館設置自治体人口」で計算。

4）『読書世論調査（1999年版）』毎日新聞，1999, pp.35-37, 62-65

5）ワートマン，前掲書，pp.88-100

6）斎藤泰則「情報利用の過程」『図書館情報学ハンドブック（2版）』丸善，1999, pp.323-325

7）Line, M. B., Draft Definitions: Information and Library Needs, Wants, Demands and Users, *Aslib Proceedings*, Vol.26, No.2, 1974, p.87

8）河井弘志『アメリカにおける図書選択論の学説史的研究』日本図書館協会，1987, pp.193-194

9）安井一徳「図書選択をめぐる議論の再検討」『みんなの図書館』2006年6月号，p.12

10）緒方良彦・柴田亮介『情報センターの時代』日外アソシエーツ，2005, p.19

11）河井，前掲書，pp.287-289

12）『次世代書誌情報の共通化に向けた環境整備：調査報告書2011』（総務省委託事業平成22年度 新ICT利活用サービス創出支援事業）日本書籍出版協会，2011, pp.110-161.〈 http://www.jbpa.or.jp/ict/ict-index.html〉［Last accessed: 2011.12.31］

13）Bengtson, Betty G.「講演 ネットワーク世界における学術研究図書館の現実と選択」『情報管理』Vol.43, No.10, 2001, pp.898-899

14）呑海沙織「利用者志向の図書館サービス：変化する利用者と図書館の関係性」『図書館雑誌』Vol.99, No.11, 2005, pp.784-785

15）『日本の図書館（2009）』日本図書館協会，2010, pp.24-25.『日本の図書館（2010）』前掲書，pp.24-25, 236-237. 公共図書館は2008年度受入図書と決算額で計算（『日本の図書館』2009と2010）。大学図書館は2009年度で計算（『日本の図書館』2010）。

16）『出版指標年報』（2011）全国出版協会出版科学研究所，pp.146-147

17）渡部幹雄『地域と図書館：図書館の未来のために』慧文社，2006，pp.48-49

18）野瀬里久子「収集方針」『図書館ハンドブック（5版）』日本図書館協会，1990, pp.150-156

19）山重壮一「目的指向の選書論：アクセントのある選書を」『みんなの図書館』No.388, 2009, pp.2-9
20）薬袋秀樹「講義要旨：1997年度図書館司書専門講座講義「図書館資料の選択と組織化」「公共図書館選書論の批判的検討」（1997年12月8日配布資料）」〈http://wayback.archive.org/web/*/http://www.nier.go.jp/homepage/syakai/01/h09/rejime/873.htm〉［Last accessed: 2011.12.31］ 両者の違いについて考えてみてほしい。
21）本田麻由美「支えるきもち：患者発の“生き方情報”を」『読売新聞』2005年11月22日, p.22
22）「［座談会］受託業者として感じるやりがいと戸惑い」『ず・ぼん』10, 2004年12月, p.31; 塩野・松本「図書館の本の発注から納品までの時間：アンケートのまとめ」『みんなの図書館』No.252, 1998年4月, pp.4-7. 実際例として，前者には練馬区立光が丘図書館と国分寺市立恋ヶ窪図書館の例が，後者には取次から図書館の関係と納品期日が掲載されている。
23）嶋田学「サービスとしての選書」『みんなの図書館』No.310, Feb. 2003, p.12
24）「本よみうり堂基準は？：読書委員会合議で選定」『読売新聞』2006年5月21日, p.10
25）図書館の仕事作成委員会『知っておきたい図書館の仕事』エルアイユー, 2003, p.77
26）安井一徳『図書館は本をどう選ぶか』勁草書房, 2006, p.39
27）清家正彦「絵本『ちびくろサンボ』をどう取り扱うか」『みんなの図書館』No.164, 1991, pp.38-39
28）河井，前掲書，pp.229-251
29）戸田光昭「研究のための情報：研究情報の特性，対象ならびに収集法」『情報の科学と技術』Vol.48, No.4, 1998, pp.214-219
30）大庭治夫・後藤嘉宏「専門資料論のディシプリンと方法論について：「諸矛盾」ということを手がかりに，社会科学専門資料論を中心にした考察」『図書館情報大学研究報告：ULIS』Vol.15, No.1, 1996, pp.37-62
31）栗原嘉一郎ほか「研究領域別にみた研究者の雑誌利用：大学図書館の建築計画に関する研究・4」『日本建築学会論文報告集』No.311, 1982, pp.93-100
32）柴山盛生「わが国の大学図書館における学術情報流通状況の分析」『NII journal』Vol.4, 2002, pp.61-72
33）伊藤昭治・芝勝徳「公立図書館における大規模開架と貸出図書の分析」『図書館界』Vol.35, No.4, 1983年11月, p.173
34）鈴木康之・坪井賢一『浦安図書館を支える人びと：図書館のアイデンティティを求めて』日本図書館協会, 2004, p.244
35）松野らの調査によれば，80対20の法則を下回る結果も出ている。松野渉ほか「大学附属図書館における貸出履歴の分析」（2012年日本図書館情報学会春季研究集会，三重大学，2012年5月12日）。
36）三村敦美「武器としての蔵書考」『現代の図書館』Vol.39, No.4, 2001, pp.175-185

37）前村安範「人がいる。資料がある。そして図書館員は……：資料を選ぶことの意味」『図書館雑誌』Vol.93, No.6, 1999 年 6 月，p.441
38）『出版年鑑』2011 年版，出版ニュース社，pp.300-301
39）シィー・ディー・アイ『諸外国の公共図書館に関する調査報告書』文部科学省生涯学習政策局社会教育課，2005, pp.275-276
40）山重壮一「目的指向の選書論：アクセントのある選書を」『みんなの図書館』No.388, 2009, pp.2-9
41）山本昭和「図書館資料の収集と選択：公立図書館蔵書構成論の理論的発展」『図書館界』Vol.61, No.5, 2010, pp.512-518
42）大場博幸「暗黙の選択基準：市町村立図書館における新聞・雑誌所蔵」『Library and information science』No.52, 2004, pp.43-86. 大場博幸「所蔵における優先序列：市町村立図書館における新書の選択」『常葉学園短期大学紀要』No.40, 2009, pp.21-35. 大場博幸「所蔵における公平：公立図書館における「郵政民営化」または「靖国神社」を主題とする書籍の所蔵」『常葉学園短期大学紀要』No.46, 2011, pp.1-19
43）新出「選書補助ツールの開発」『図書館評論』No.52, 2011, pp.72-79
44）豊田高広「「役に立つ図書館」に求められる選書とは」『みんなの図書館』No.388, 2009, pp.10-18
45）『日本の図書館（2010）』前掲，pp.24-25,235．公共図書館全体（約 3188 館）で延べ 41 万タイトルに対し，大学図書館（1331 館）で延べ約 412 万タイトル，洋雑誌約 140 万タイトル。決算額は，公共図書館約 37 億円（2008 年度）に対し，大学図書館は紙雑誌約 203 億円＋電子雑誌約 216 億円（2009 年度）。
46）山本哲生『合併前夜の都市の図書館』（グラフで見る日本の図書館 3）図書館問題研究会山口支部，2004, p.39
47）山本哲生『よりよい図書館づくりのために』（グラフで見る日本の町村図書館 2） 図書館問題研究会山口支部，2001, p.53
48）みんなの図書館編集部「貸出・予約 OK ？これはある？：雑誌アンケートについて」『みんなの図書館』No.175, 1991, pp.1-11
49）大場博幸「暗黙の選択基準：市町村立図書館における新聞・雑誌」『Library and information science』Vol.52, 2004, pp.43-86
50）永井和子「雑誌スポンサー制度：図書館，充実狙い導入（ほんはいま 123）」『東奥日報』No.43261（朝刊），2011 年 12 月 28 日，p.10
51）根本彰『情報基盤としての図書館』勁草書房，2002, pp.124-132
52）國松恵子ほか「魅力的な棚づくり：利用者に分かりやすく探しやすい配架の研究」『図書館雑誌』Vol.99, No.3, 2005 年 3 月，pp.165-169
53）斉藤文男「85％という哀しみと喜び」『現代の図書館』Vol.41, No.3, 2003 年 9 月，pp.127-128

54) Metcalf, K. D., *Planning academic and research library buildings*, 2nd ed., American Library Association,1986, pp.153-155
55) 渋川雅俊「選書から蔵書構築，そしてコレクションマネジメントへ：資料アクセス確保への終わりなき課業」『私立大学図書館協会会報』No.104, 1995, p.61
56)『学術情報基盤実態調査結果報告』平成22年度，文部科学省研究振興局情報課，2011, pp.29-30.「全所蔵冊数／収容可能冊数」で算出。
57) ランカスター（中村倫子・三輪眞木子訳）『図書館サービスの評価』丸善，1991, pp. 85-95. 辻慶太・芳鐘冬樹「複数図書館のOPACを利用した蔵書評価の可能性」『日本図書館情報学会研究大会発表要綱』第58回，2010, pp.73-76. 彼らによれば，蔵書比率は9類，3類が高い。刊年が新しい図書は貸出率が高く，所蔵館数が多くても古ければ貸出率は低いこと，所蔵館数が増えた図書は多少古くても貸出率が高い，という傾向が導きだされた。
58) 日本図書館協会図書館政策特別委員会編『公立図書館の任務と目標：解説』日本図書館協会，2004, p.84
59) 栗原嘉一郎ほか「研究行為において利用される図書資料の年令：大学図書館の建築計画に関する研究・3」『日本建築学会論文報告集』No.299, 1981, pp.115-125
60) 安江明夫『公共図書館と協力保存：利用を継続して保証するために』けやき出版，2009, 46p.
61) 座間直壮「共同保存図書館・多摩：3年間の歩み」『出版ニュース』2011年7月上旬号，pp.6-9
62) 矢野正隆「資料保存」『図書館界』Vol.61, No.5, 2010, pp.542-553

### 考えてみよう・調べてみよう

1.「国勢調査」(http://www.stat.go.jp/data/kokusei/2010/index.htm) から，自分と関係の深い自治体住民の性別，年齢，職業，業種などの構成をまとめて，図書館サービスにどのように活用すればいいかを考えてみよう。
2. 利用者要求（ニーズ）のうち，潜在的要求より顕在的要求を重視する場合，どのように顕在的ニーズを把握すべきかをみんなで考えてみよう。

### 読書案内

河井弘志編『蔵書構成と図書選択（新版）』日本図書館協会，1992年

アメリカ図書館協会図書館蔵書・整理業務部会編『ALA蔵書の管理と構成のためのガイドブック』日本図書館協会，1995年

# 第9章
# 学術情報資源

本章では，人文科学，社会科学，自然科学，技術の各分野における知識の構造と資料との関係，いわゆる学術情報資源についての理解を図るために，それぞれの分野の特性とその分野を代表する資料・情報について解説する。

## 第1節　学術情報資源の定義

### 1　学術情報とは

一言で言えば，学問で使用され，研究者や専門家が扱う情報のことである。専門情報ともいう。第1章末で述べたように，学問には教育機能と研究機能があることから，それらの機能を果たす資料（情報）には，教育情報と研究情報が存在すると考えられる。海野ら[1)]は専門情報を「限定された事柄について集中的に学習して獲得した専門的な知識，技能があってはじめて理解しうる情報，つまり専門的な知識を前提として伝達される情報」，その上位の概念として研究情報を「ある研究コミュニティにおいて，その研究領域の成果としてコミュニティが認定した専門情報」とした。いわば「当該学問（知識）の最先端へ利用者を導く目的を明確にしている資料」[2)]が研究情報である。

### 2　学術情報の種類

田中[3)]はその種類を，①記録の有無（記録情報と非記録情報），②生産場所（内部（社内）情報と外部（社外）情報），③加工度（一次情報と二次情報），④情報の表現（文字，音声，数値，画像，映像の各情報）の4つあげ，中陣は，箕輪の発表を元に5つの要素，①機能（0次，一次，二次の各情報），②学問分野的情報（人文，社会，自然の各科学分野），③媒体的情報（活字メディア・ニューメディア，オンライン型・ニューメディア，パッケージ型），④言語的情報（日本語と英語），⑤採算性（採算と非採算）から分類を試みている[4]。箕輪によれば，0次情報は特許情報などの非公刊データ，一次情報はオリジナル研究成果を報告・発表した雑誌論文の型が多く，二次情報は解説的文献（教科書や教養書やレビュー，一定の評価のもとに説明を与える書籍）の型が多い，となる。

戸田[5]は専門情報（研究情報）の特徴を，①体系的である，②部分でなく，総合的である，③断片的でなく，網羅的である，④絶えず更新されていて，最新の内容が含まれている，⑤データの裏づけがあり，正確である，としている。

杉村と佐藤[6]は，［専門］情報は仲介者（図書館や情報センターなど）が加工して利用者に提供され，利用者は著作者であることが多く，循環すると指摘する。つまり専門情報は一方通行ではなく，遠心的な螺旋運動が繰り返される。

## 3　学術情報の流通

学術情報流通は，研究者間のコミュニケーションを基本とする。研究成果の公表が学会や出版社による学術雑誌を介して行われるようになり，さらに20世紀後半には科学技術・学術研究への政府助成などに伴い増大した研究成果の流通に，商業出版社が主導的な役割を果たすようになった[7]。

出版される学術書，雑誌論文は作品であると同時に商品としての性格をもっている。研究者にとっては，学術情報の伝達以前に必要であり，期待するのは成果の誇示であり，その提示によって期待するのは研究者としての威信の付与，確立であって，経済的な報酬は二の次である[8]。しかし，商品として世に送り

表9.1　学術情報の分業

| | 発表形態 | | 出版者 | 文化性と経済性 | | 金額 |
|---|---|---|---|---|---|---|
| 1次情報 | 論文 | 学会誌 | 学会 | 非採算 | 威信 | 1% |
| 2次情報 | 書籍 | 教科書・教養書 | 出版社 | 採算 | 収益 | 99% |

（出所）中陣隆夫「硬派出版としての学術出版」『新現場からみた出版学』学文社，2004, p.14

出す出版者はそういう訳にはいかない。採算性から見た場合，学術情報の伝達が，誰によって，どのような形で実行されているのか。中陣が箕輪の発表を元にまとめた学術情報の分業[9]を表9.1に示す。

## 第2節　研究者と学問

### 1　研究者

#### (1) 研究者の定義

総務省統計局『科学技術研究調査』における分類では，研究者を「企業等及び非営利団体・公的機関または，大学等に所属する大学の課程を修了した者又はそれと同等以上の専門的知識を有する者で，特定のテーマをもって研究を行っている者」[10]と定義している。そのなかには研究者の卵である大学院博士課程の在学者も含まれている。同調査によれば，2011年3月末の日本の研究者数は，約84万人（うち女性は約12万人）で，これはアメリカの141万人，中国115万人に次ぐ数字である[11]。

研究者は，上記の研究者の定義を満たせば他の研究者から自動的に認められるわけではなく，所属先以外に学協会といったコミュニティに参加し，研究成果である論文を投稿し審査を経て雑誌に掲載されることではじめて認められる。論文の評価が研究費の獲得や昇進に直接結びつく。言いかえれば，論文を書かないと他者に認めてもらえないことになる。ここから，publish or perish（出版されるか，消え去るか）という考えが出てくる。研究者評価として用いられている指標[12]は，論文数，特許出願件数，研究成果の質，以下製品化，学会発表数と続く。

学協会は，さまざまな領域ごとに設立され，入会審査を経た大学教員，公的機関研究者，民間の団体・企業の研究者などの正会員，大学生や大学院生などの学生会員，および法人や企業などの賛助会員からなる。

### (2) 研究サイクルと情報の発生

研究者はある一定の周期で自身の研究を行う。設定される研究課題は，①真理探求型（現象・事象の真実や法則性の追究），②問題解決型（現存する問題の解決），③課題完成型（作品制作，発明・開発）の３つに分類することができる[13)]。スブラマニアムのモデル[14)]を使うと，科学技術者の研究活動とその過程でさまざまな情報や資料が発生するのがわかる。第４章の図4.1では研究サイクルは２年と想定されている。しかし，国文学のように「一冊の本，一人の作家，一つの時代，というような極めて限定された分野を一生読み続けるのを仕事にしている」[15)]というように長期に渡る研究領域もある。

論文発表及びその後の研究者間で行われる情報交換を公式（フォーマル）なものとすると，研究開発の中途で行われる「非公開」である他の研究者との情報交換は非公式なものである。研究者で形成される個人的な情報交換ならびに研究上の協力関係は，地理的にはバラバラだが互いに密な学問的交流をもっている者同士から成る集団であることから「見えざる大学」(invisible college) とも呼ばれる。研究成果は公式および非公式な情報交換で行われる活発な情報交換が繰り返されることで学説，定説になり，次の段階の研究に進展していく。箕輪[16)]によれば，真善美の追求としての学問は唯我独尊でなく，人と人の社会的関係を通して実践され，「学問イコール学術コミュニケーション」である。このように，「学術研究は絶えざる知識の再生産の過程であり，既存の知識を取り入れ，新たな知識を生産する円環を無限に描く活動」[17)]であり，箕輪は，これを「学術情報の還流過程」[18)]と呼んでいる。

## 2　学問分野

学問分野（専門分野，研究分野とも）とは，たとえば社会学・心理学・経済学・経営学・歴史学などのように，概念枠組み・概念のセット・方法などに関する分類である。確認指標には，組織や団体，専門職集団，専門雑誌，二次情報サービス，大学の学部・学科などがある。

学問分野の分類には，①学会による分類，②人文科学（文科系や文系）と自然科学（理科系や理系）による２分法，がある。人文科学は狭義の人文科学と社会科学に二分されることから，社会科学を独立させ，人文科学，社会科学，自然科学という3分法もある。また科学研究費分科細目表による区分は，大学教員や研究者の研究内容を4段階（系，分野，分科，細目）の階層構造で分け，系は総合・新領域系，人文社会系（主に人文学，社会学），理工系（主に数物系科学，化学，工学），生物系（主に生物学，農学，医師薬学）の大きく4つに分けている。情報学は総合・新領域系に分類され，図書館学は，「情報図書館学」として含まれている。学問分野は，大学の学部－学科，あるいは科研費の系，分野，分科（Discipline）に相当する。

## 第3節　学問分野別の情報

### 1　一次資料・情報

本書では既に第4章において，坂井ら[19]の考えを基に，学問別に使用される一次情報を紹介している。表を再録するが説明は省略する（表9.2）。

#### (1) 学問分野別の特徴

山口[20]は，人文科学は人の問題，自然科学が自然の問題を扱う科学とし，社会科学は人と人の関係，人と自然の関係を扱う科学である。社会科学には他2分野の特徴を含んでいる，と指摘している。この社会科学の成立時期は他と異なり，人文科学と自然科学の起源が紀元前にあるのに対し，社会科学は近代に入って成立した。なぜなら「科学としての社会科学の成立は近代市民社会のなかで初めてみられた。言いかえれば，近代市民社会の成立によって初めて社会現象を神の所業としてとらえるのではなく因果関係のうちにとらえることが可能」[21]になったからである。

学問の研究方法は大きく3つに分類できる。①文献読解・解釈，事例研究，②インタビュー，アンケート，フィールドワークによる調査，③実験室での実験，検査，観察，観測である。

人文科学の研究方法として，中村らの『人文科学ハンドブック』[22]に，テ

表 9.2　認識のための情報源

| 分野 | 人文科学 | | 社会科学 | | 自然科学 | |
|---|---|---|---|---|---|---|
| 段階 | 文献的 | フィールド的 | 文献的 | フィールド的 | 文献的 | フィールド的 |
| 第 1 次的（素材） | 原典（テクスト），自伝，日記，手稿，写本，史料，史料集，新聞・雑誌掲載作品，絵画，楽譜 | 観察記録，インタビュー記録，量的調査報告 | 新聞記事，議事録，自伝，社史，日記，判例，法令 | 観察記録，インタビュー記録，量的調査結果，官公庁統計 | 特許，規格 | 実験結果 |
| 第 2 次的（加工済） | 学術書，論文，伝記，ノンフィクション，美術カタログ，会議録 | 調査報告書 | 学術書，論文，伝記，ノンフィクション，会議録 | 統計資料一般，白書類，調査報告書，官公庁統計 | 学術書，論文，プレプリント，レター，会議録 | テクニカルレポート |

（出所）坂井素思ほか『社会科学入門：社会の総合的理解のために』放送大学教育振興会，1997, pp.64-66 より作成

クスト分析，言語分析，思想分析，史料分析と遺跡発掘，美術資料，実験，社会分析，フィールドワークの項目を挙げている。

山口らの『社会科学の学び方』[23] では，社会学は社会の個々の面を系統化する研究，経済学は社会を数量化して総合的，客観的にとらえる研究，法学，政治，教育学は社会を構成するある分野の研究，であると説明されている。

鈴木賢英の『自然科学ノート』[24] では，経験科学としての自然科学における方法の内容は，自然現象に関する科学的事実を得る過程と説明を得る過程の進め方および処理の方法であり，展望（予備知識の収集）→仮説の設定→観察・測定・実験→結果の検討，となっている。自然科学の研究は，知識それ自体の追求という動機で行われる基礎研究と，実践への適用を念頭において行われる応用研究，開発研究の 3 つに大別される。アレン [25] は，自然科学分野のなかで科学と技術（あるいは理学と工学）について，言葉で記された情報（論文・討論）を入力として求める点では科学も技術も同じだが，出力が，科学が言葉で記された情報（論文）であるのに対し，技術では有形の情報（ハードウェアと製品類）が主で，言葉で記された情報（ドキュメンテーション）は副産物にすぎない，としている。

金子 [26] と大庭ら [27] が指摘した社会科学と自然科学の特徴を，それぞれ表 9.3 と表 9.4 にまとめる。人文科学は空白となっているが，社会科学が自然科

学と人文科学両者の特徴を兼ね備えているとすれば，空白を埋めるのはそれほど難しいことではない。

### (2) 学問分野別の研究成果の発表メディア

「科学の世界では「書く人」は「読む人」であり，「読む人」は「書く人」である」[28)]。さらに学会等の要求により，査読者や編集者になることもある。

文部科学省の区分では，研究業績は①学術著書，②学術論文，③その他（翻訳，翻刻書，教科書・参考書，専門誌等掲載の論文・評論等，研究発表，作品発表，調査・企画報告書など）としている。学術著書や学術論文であっても，啓蒙的性格の強いものは③に分類される。

**表 9.3　学問別の特徴**

| | 自然科学 | 社会科学 | 人文科学 |
|---|---|---|---|
| 研究対象 | 自然 | 人間社会 | |
| 実験 | 基本的に「可能」 | 統計と抽象力を媒介にして社会科学的「実験」（諸「計画」，革命，選挙など）が可能 | |
| 階級性 | 浸透しない<br>仮説を実証して「法則」を定立する次元においては浸透しない | 浸透する<br>研究活動すべての次元において浸透する | |
| 明らかにする法則 | 自然現象 | 社会現象 | |
| 構成する理論 | 自然現象についての「理論」（知識の論理的体系） | 社会現象についての「理論」（知識の論理的体系） | |

（出所）金子勝『社会科学の世界』勁草書房，1999, pp.2-4 より作成

**表 9.4　学術交流の特性**

| | 自然科学 | 社会科学 | 人文科学 |
|---|---|---|---|
| 主要媒体 | 学会誌 | 著書 | |
| 学的特性 | 法則定立 | 個性記述 | |
| 成果の性格 | 成果 | 成果＋研究対象 | |
| 研究対象の対研究の認識能力 | | | |
| 研究対象 | 自然 | 社会 | |
| 認識能力 | ない | ある | |
| 科学の利用言語 | | | |
| 文化の被拘束性 | ない | ある | |
| 主たる使用言語 | 英語 | 日本語 | |
| 科学の公開性 | | | |
| 国際性 | 強い | 弱い | |
| 読者 | 専門家向け | 専門家と公衆 | |

（出所）大庭治夫・後藤嘉宏「専門資料論のディシプリンと方法論について」『図書館情報大学研究報告 ULIS』Vol.15, No.1, 1996, pp.37-62 より作成

学問分野，研究領域によっては，研究成果発表の機能を果たす図書と雑誌論文の役割の異なることが真弓[29]，倉田[30]，倉田と真弓[31]，柴山[32]，糸賀と関[33]，石田[34]，菊池[35]，山西[36]，栗原[37]，武者小路[38]，市川[39]，斎藤ら[40]，大庭と後藤[41]の検証によって明らかになっているので，それを表9.5にまとめた。引用元資料イコール研究上重視する資料でもある。

## 2　学術雑誌

学術雑誌については第4章で既に説明したが，学術情報資源のなかで大きな位置を占めるためさらに詳述することとする。

### (1) 学術論文と査読制

研究者は自分自身の研究成果に高い評価を受けるためには，できるだけ権威のある学術雑誌（とくに学会誌）に学術論文を投稿する必要がある。しかし，投稿すれば無条件に掲載されるわけではない。権威のある雑誌には数多くの研究者から論文が寄せられる。限られた誌面に掲載するかどうかを決める審査が査読である。査読を行う学術雑誌は「査読付き雑誌」「レフェリー付き雑誌」「ピアレビュー（同僚評価）された雑誌」（peer-reviewed journal）と呼ばれる。査読の目的は，投稿された論文に学問的な価値があるかどうかを判断するため，論文を掲載する雑誌自身の品質維持のためである。こうした査読を厳格に行い，かつ原稿の却下率が高い雑誌は権威のある学術雑誌（トップジャーナル）とみなされる。例をあげれば，自然科学全般を扱う科学週刊誌のイギリス*Nature*やアメリカ*Science*である。

### (2) 引用という行為

引用とは，論文執筆の際，自説を補強したり，裏づけるために，他人の論文の一部分を引いてきたりするなどして自分の著作物のなかに他人の著作物を利用することをいう。先行研究に言及しない論文はありえない。著作権法では「著作者人格権」が明示されており，引用の際に，引用部分を明確にしたうえ

表 9.5　学問分野別の学術メディア

| | | 人文科学 | 社会科学 | 自然科学 |
|---|---|---|---|---|
| 学術書 | 単独著作 | 研究の集大成 | 研究の集大成<br>研究の体系化<br>最新情報の提供（翻訳）<br>基礎知識の提供（テキスト） | 基礎知識の提供（テキスト，マニュアル） |
| 学術書 | 複数著作 | 共同研究のまとめ<br>同一テーマの論文集<br>基礎知識の提供<br>（シンポジウム，教養講座） | 同一テーマの論文集<br>研究分野の体系化<br>最新情報の提供（報告，翻訳）<br>基礎知識の提供<br>（シンポジウム，テキスト） | 研究分野の体系化<br>最新情報の提供（報告，翻訳）<br>基礎知識の提供（テキスト，マニュアル） |
| 学術書 | 出版点数 | 他分野より少ない | 全体の出版点数は多い | 分野別に見た学術図書の割合高い<br>医学分野は教科書の割合高い |
| 学術雑誌 | 学会誌の存在 | 学術論文を著書の一章に充てる章 | 学術論文を著書の一章に充てる<br>若手研究者，院生の顔見せ，<br>デビュー媒体 | 研究成果発表の場 |
| 学術雑誌 | 全体傾向 | 紀要の占める割合が高い | 紀要の占める割合が高い | |
| 学術雑誌 | 研究領域別傾向 | 国文学<br>論文中紀要掲載ものが占める割合が47.6%<br>国文学専門商業出版誌に掲載されるものが26%<br>（国文学専門商業誌3誌がコアジャーナル）<br>図書の生産性が高い研究者は同時に雑誌論文の生産性高い<br>大学院のある国立大学所属者だけが雑誌論文の6割を国文学専門の一般商業誌に発表<br>図書よりも雑誌の方が発表年代が若い研究者に利用される<br>英文学<br>コアジャーナルなく大学紀要，小さな学会誌，同人誌に発表 | 経済学，教育学<br>継続研究発表の場<br>政治学<br>東大出身者の研究者の一般総合雑誌論文に占める割合（早慶出身者は，大学出版局からの単行書発表の割合）が高い | 物理学<br>欧文学会誌，研究所機関誌，大学紀要，査読制学会誌<br>原著論文が基本<br>欧文学会誌3誌が，原著論文掲載数の大部分を占める |
| その他 | 1論文あたりの引用・参考冊数 | 雑誌より図書の引用が多い | 雑誌より図書の引用が多い | 雑誌からの引用がほとんど |
| その他 | 引用 | 英文学<br>洋書，洋雑誌の引用が，和書，和雑誌よりはるかに多い<br>古い文献の方がよく使われる<br>文学全体に対する引用が全引用の3割を占める<br>自著引用はほとんど紀要から<br>他人の論文引用は紀要以外の雑誌から<br>シェイクスピア研究の場合文学作品に対する引用が全引用の3割を占める<br>シェイクスピア研究の場合，他の研究者による文献の引用が全引用の7割を占める（自著論文の補強のため）<br>国文学<br>雑誌（4割前後）より図書（5割前後）の引用が多い<br>古い資料も引用される<br>資料の利用や引用を決定づける特定の研究者が存在する<br>国語学<br>外国語文献の引用が多い<br>雑誌の引用比率が高い<br>資料の利用や引用を決定づける特定の研究者が存在する | 経済学，教育学<br>紀要論文が引用される比率（経済学44%，教育学34%）は，発表の場として紀要が占める比率（経済学44%，教育学36%）と拮抗している。<br>紀要論文からの引用は他メディアと比べて自著論文の割合が高い | 基礎的引用と儀礼的引用が多い<br>数学<br>図書の割合が高い<br>同分野雑誌から80%を引用<br>Lectures Notes in Mathematics からの引用が多い<br>物理学と化学<br>雑誌の割合が高い<br>同分野雑誌から70%引用<br>プレプリントからの引用が多い<br>工学3分野<br>雑誌と図書以外の割合が高い<br>機械工学<br>雑誌の割合低い<br>他分野雑誌から引用が多い<br>化学工業，電気工学<br>同分野と他分野雑誌からの引用が半々<br>化学と化学工業はアドバンスものからの引用が多い。また化学は抄録の引用が多い |
| その他 | 国際性 | 世界を対象としていない，<br>あるいは普及を意図していない | 世界を対象としていない，あるいは普及を意図していない | 世界を対象とする<br>医学は欧文誌 |
| その他 | 国際競争力 | 弱い | 弱い | あるが弱い |
| その他 | 査読 | 文学系<br>編集委員会内部の査読が多い | 経済学<br>論文毎の査読と編集委員会内部の査読が同じくらい<br>法学<br>編集委員会内部の査読が多い | 理・工・農学<br>論文毎の査読が多い<br>医学<br>論文毎の査読と編集委員会内部の査読が同じくらい |

で，その後に引用された著作物の題号や著作者名が明らかにわかるような表示が，頁末，章末，あるいは論文末に必要である（それが「引用・参考文献」である）。インフォーマル・コミュニケーションにおいては研究者間の口頭や電子メールによる伝達が中心となるが，フォーマル・コミュニケーションでは，学術雑誌論文を介しての伝達が中心となり，引用がその重要な要素を占める。

### (3) コア・ジャーナル

各学問分野，研究領域で重要とされ，情報流通の中心とみなされる学術雑誌のことを「コア・ジャーナル」という。コア・ジャーナルは，読者も多く，これに掲載された論文は他の論文によく引用される傾向がある。

コア・ジャーナルの選定方法は，①引用分析，に限られるわけではなく，高山や篠本ら[42]は，②専門家の評価，③図書館における利用頻度，④図書館の所蔵状況，⑤特定主題の該当論文掲載数，⑥専門研究家の投稿誌，からアプローチし，小林ら[43]は⑦複数の二次情報データベースの重複被採録誌，から分析している。

ガーフィールド[44]は，「最近の引用分析によると，多くても150誌程度の雑誌が引用実績全体の半分，および出版実績全体の4分の1を占め，さらに引用された95%，出版された記事の85%が約2,000点のジャーナルでカバーされている」と報告している。つまり図書館は，少数のコア・ジャーナルを購入すれば，その学問分野と研究領域の論文をかなりの部分まで網羅することができるとされる。

コア・ジャーナル中のコア・ジャーナル（トップ・ジャーナル）としてよく言及される外国語雑誌がある。自然科学全般を扱う *Science*，*Nature* および *PNAS: Proceedings of the National Academy of Sciences of the United States of America*，化学分野の *Journal of the American Chemical Society*，医学分野の *JAMA: The Journal of the American Medical Association*, *The New England Journal of Medicine*，*British Medical Journal* および *Lancet* 等は，機会があったらぜひ手にとって見てほしい。

### ⑷ レター，レター誌（速報誌）

学術雑誌が，投稿から掲載発表までかなりの期間を要することから，その学術情報の速報性の要求を満たすために自然科学分野で誕生した。研究者が完成論文を公表する前にその成果の一部や結論部分のみをまとめて学術雑誌に投稿するもので，編集者への手紙，ノート，短報などの形態があり，掲載には査読を経る場合もある。代表的なものに，アメリカ物理学会の *Physical Review* 誌から独立した *Physical Review Letters* や，アメリカ化学協会の *Analytical Chemistry* から独立した *Analytical Letters* である。

### ⑸ プレプリント

学術雑誌に掲載されることになった論文に対して研究者仲間からいち早い承認と批評を得るために雑誌刊行前に配布することを目的として作成される掲載論文の複製で，レター誌の速報性をさらに極限まで追求したものである。インフォーマルなメディアで速報性があり，紙ベースからインターネットベースに移行している。とくに高エネルギー物理学分野 arXiv.org, 心理学 CogPrints, 経済学 RePEc などのサイトが有名で登録・閲覧ができる。ただし，全分野には普及していない。似たものにリプリント（抜刷）があるが，これは学術雑誌から該当論文の部分のみを抜き出して印刷し，簡略製本したものである。

### ⑹ 電子ジャーナル

電子ジャーナル（Online Journal, Electronic Journal, E-Journal, 電子雑誌，オンラインジャーナルとも）とは，コンピュータネットワークを介して電子的に配信される学術雑誌である。紙媒体で刊行されている学術雑誌を電子化し，URL や DOI 等のネットワークアクセス用の識別子を付与した上で，記事全文をパソコンのディスプレイ上で読めるようにしたものである。もちろん電子版しか存在しない電子ジャーナルもある。注意したいのは，情報検索サービスで利用可能な全文データベースや二次情報データベースは電子ジャーナルではないことである。契約形態と利点・欠点は第 6 章第 2 節第 6 項 ⑵ オンライン資料を参照のこと。

電子ジャーナルは10万誌程度存在[45]すると考えられ，①最新号の配信と②バックナンバー中心の配信の２つのタイプがある。①の欧米の代表例には，Elsevier Science社のScienceDirect（2011年12月現在，2500誌），Springer社のLINK（2700誌），Wiley社のWiley InterScience（2100誌）がある。日本の代表例は，国立情報学研究所NIIの「NII-ELS」（大学紀要，学協会誌の1500万論文），科学技術振興機構JSTの「J-STAGE」（学協会誌970誌），メテオ社の「メディカルオンライン」（医学・薬学誌900誌）である。②の欧米の代表例には，米国メロン財団が中心となり発足し，学術雑誌のバックナンバーを電子化し保存することを目的とした非営利団体JSTOR（3600誌），スタンフォード大学図書館が主催し，最新号とバックナンバーの電子化を請け負う電子ジャーナルシステムHighWire（1700誌）等があり，日本の代表例はJSTの「Journal@rchive」（学協会誌650誌）である（2012年にJ-STAGEに統合）。JSTORは，契約タイトルについては恒久アクセスが保証される。

### 3　2次資料

#### 引用索引データベース

通常の論文検索に加え，学術論文に付与される引用文献リストに注目し，引用文献を手がかりに関連文献を効率的に検索しようとするしくみ（いわゆる芋づる方式）である。代表格はトムソン・ロイターのWeb of Scienceで，全分野における主要論文誌約12,000誌と学術書の引用情報を網羅し，インパクトファクター（文献引用影響率）の計算根拠となる。引用から研究の中心（最前線）とそのキーマンは誰かを炙り出す科学の地図が特徴である[46]。

## 第4節　シリアルズ・クライシスとオープンアクセス運動

### 1　シリアルズ・クライシス

1970年代から現在に至るまで，学術雑誌の価格は一般の物価上昇を大きく上回る率で上昇を続けてきた。いわゆるシリアルズ・クライシスとは，主としてこうした価格高騰に伴う相対的な図書館の購買力の低下によって，必要とする利用者に必要とする学術情報が行き渡らない学術雑誌の機能不全を指す。2009年度調査[47]では，日本の四年制大学の資料費総額全体の約27％が電子ジャーナル確保に割かれている。シリアルズ・クライシスに対してはこれまで，学術図書館の内外でさまざまな取り組みがなされてきた。1990年代後半からの電子ジャーナルの急速な普及を背景としたコンソーシアム（例えば国公私立大学による大学図書館コンソーシアムJUSTICE）による価格交渉および購読契約，商業出版社の高価な雑誌に対抗するため学協会に電子ジャーナル発行の支援を行い，学術情報の新しい流通ルートを開拓することで学術研究を活性化するSPARC，オープンアクセス出版，それにオープンアクセスに向けたセルフアーカイビングによる機関リポジトリや分野別リポジトリなどが挙げられる[48]。

## 2　オープンアクセスと学術機関リポジトリ

「学術論文は誰でも無料でアクセスできるようにすべきだ」[49]，というのは，2000年前後から行われているオープンアクセス運動の合言葉である。この運動は，一部の外国商業学術出版社による学術情報の寡占化，学術雑誌の価格高騰への対抗策である。日本では，SPARC/JAPANが，電子ジャーナル化の促進，学会活動の拡大，学術研究の成果普及によって国際社会におけるわが国の知的存在感の確立を意図し，活動している。オープンアクセス運動の内容は，①読者から購読料を取らず，著者が投稿料を払うなどして無料公開する電子ジャーナルのオープンアクセス誌の普及，②著者による査読前論文（すなわちプレプリント）または査読後論文（ポストプリント）のセルフアーカイビング，である[50]。

2005年段階で，トムソン・サイエンティフィック社（現トムソン・ロイター）によれば，オープンアクセス誌の学術誌は少なくとも1500誌以上あり，これは世界で発行される学術雑誌全体の5～10％を占める。オープンアクセス誌掲載の論文は他の雑誌論文でよく引用される，という[51]傾向も指摘されている。

またLaaksoの調査[52]によれば，2009年には19万1000点のOA論文が4769ものOA誌で発表されたと推定されること，2000年以降の毎年平均で

OA誌の数は18%，OA論文数は30%ずつ増加していること，2009年においてすべての査読付き雑誌の論文数でOA誌の論文数の占める割合は7.7%であること，が報告されている[53]。

セルフアーカイビングの情報発信と保存場所を兼ねるプラットフォームである「機関リポジトリ」には，大学・研究機関の「学術機関リポジトリ」，分野別リポジトリの「プレプリントサーバー」，および米国国立衛生研究所（NIH），英国ウェルカム財団等の「研究助成機関リポジトリ」がある。機関リポジトリの考えは欧米の大学図書館を中心に広まっており，2011年12月現在，イギリスのノッティンガム大学の登録簿には世界2164の学術機関リポジトリが登録されている[54]。また，日本では156機関で運用されている[55]。日本の学術機関リポジトリで想定されている情報には，ワーキングペーパー，テクニカルペーパー，会議発表論文，紀要，技術文書，調査報告等，学位論文，教材，シラバスと，必ずしも査読されたものでないものも含まれている。これらが，公開されれば，学術研究による知的な成果を広く社会と共有でき，大学はその社会責任を果たすことができるとされる。

■注――

1）海野敏ほか『学術情報と図書館』（講座図書館の理論と実際第9巻）雄山閣出版，1999, p.18

2）久保和雄「専門資料論：講義心得帖」『京都学園大学司書課程年報』No.2, 2002, pp.22-27

3）田中功『情報管理の基礎知識（2訂版）』海文堂出版，2004, p.12

4）中陣隆夫「硬派出版としての学術出版」『新現場からみた出版学』学文社，2004, pp.13-14. 中陣隆夫（報告）「部会報告：学術出版研究部会理論・教育学部：学術出版研究部会（箕輪成男発表）」『日本出版学会会報』No.88, 1996, p.11

5）戸田光昭「研究のための情報：研究情報の特性，対象ならびに収集法」『情報の科学と技術』Vol.48, No.4, 1998, pp.214-219

6）杉村優・佐藤隆司「人文・社会科学学術情報の利用実態に関する比較研究―情報利用研究の展開のための予備的考察」『図書館短期大学紀要』No.5, 1971, p.7

7）科学技術・学術審議会学術分科会研究環境基盤部会学術情報基盤作業部会「大学図書館の整備及び学術情報流通の在り方について（審議のまとめ）」（平成21年7月）〈http://www.mext.go.jp/b_menu/shingi/gijyutu/gijyutu4/toushin/1282987.htm〉［Last accessed: 2011.12.31］

8) 箕輪成男「学術出版システムの根底にあるもの」『情報の科学と技術』Vol.53, No.9, 2003, p.418
9) 中陣，前掲書，2004, p.14．中陣，前掲書，1996, p.11
10)『科学技術白書（平成 19 年版）』文部科学省，2007, pp.122-132. 平成 20 年版以降では定義が省略された。
11)「平成 23 年科学技術研究調査」〈http://www.stat.go.jp/data/kagaku/2011/index.htm〉[Last accessed: 2011.12.31]．平成 22 年調査では中国は 151 万人と報告されている。
12) 文部科学省科学技術・学術政策局『我が国の研究活動の実態に関する調査報告：概要』平成 15 年度，科学技術庁科学技術政策局調査課，2004, p.9.〈http://warp.ndl.go.jp/info:ndljp/pid/286794/www.mext.go.jp/a_menu/jinzai/jittai/index.htm〉[Last accessed:2011.12.31]
13) 江川成『経験科学における研究方略ガイドブック』ナカニシヤ出版，2002, pp.6-7
14) Subramanyam, K., The evolution of scientific information, *Encyclopedia of Library and Information Science*, M. Dekker, Vol.26, 1979, p.394
15) 岩下紀之「図書館情報学科への期待」『愛知淑徳大学論集』No.15, 1990, p.26
16) 箕輪，前掲，2003, p.418
17) 斉藤泰則「専門領域における知識の伝播過程：引用ネットワークに基づいて」『Library and information science』No.23, 1985, p.2
18) 箕輪，前掲，2003, p.418
19) 坂井素思ほか『社会科学入門：社会の総合的理解のために』放送大学教育振興会，1997, pp.64-66
20) 山口誠ほか『社会科学の学び方』（科学技術入門シリーズ 9）朝倉書店，2001, p.1
21) 河村望『社会科学』（日本大百科全書　第 11 巻）小学館，1986, p.257
22) 中村捷ほか編『人文科学ハンドブック：スキルと作法』東北大学出版会，2005, p.1
23) 山口ほか，前掲書，2001, p.1
24) 鈴木賢英『自然科学ノート：近代および現代自然科学をめぐって』文化書房博文社，1993, p.44
25) アレン，T. J.（中村信夫訳）『"技術の流れ" 管理法：研究開発のコミュニケーション』開発社，1984, p.14
26) 金子勝『社会科学の世界』勁草書房，1999, pp.2-4
27) 大庭治夫・後藤嘉宏「専門資料論のディシプリンと方法論について：「諸矛盾」ということを手がかりに，社会科学専門資料論を中心にした考察」『図書館情報大学研究報告 ULIS』Vol.15, No.1, 1996, pp.37-62
28) 窪田輝蔵『科学を計る』インターメディカル，1996, p.19
29) 真弓育子「研究発表メディアとしての図書の機能」『Library and information science』No.25,1987, pp.55-64. 真弓育子「文学研究における引用行動：シェークスピア研究を題材とした引用カテゴリー調査」『Library and information science』No.22, 1984, pp.119-128. 真弓育子「国文学研究における発表メディアの特徴」『Library and information science』

No.23, 1985, pp.165-178
30) 倉田敬子「日本における政治学者の生産性」『Library and information science』No.22, 1984, pp.129-142. 倉田敬子「研究発表メディアとしての日本の学術雑誌」『Library and information science』No.25, 1987, pp.82-83
31) 倉田敬子・真弓育子「国文学研究者の生産性と発表メディア」『Library and information science』No.24, 1986, pp.133-144
32) 柴山盛生「学術雑誌による人文・社会科学分野における国際研究動向の分析」『NII journal』No.2, 2001, pp.59-70. 柴山盛生「わが国の大学図書館における学術情報流通状況の分析」『NII journal』No.4, 2002, pp.61-72
33) 糸賀雅児・関秀行「論文の発表からみた大学紀要：経済学と教育学を中心に」『Library and information science』No.24, 1986, pp.123-132
34) 石田周三「わが国の大学紀要についての報告」『大学図書館研究』No.9, 1976, pp.1-12
35) 菊池しづ子「人文系研究者が発表する論文と利用する文献：英米文学の場合」『図書館学会年報』Vol.42, No.3, 1996, pp.164-171
36) 山西史子「引用分析から見た国文学・国語学研究者の資料利用」『Journal of library and information science』No.12, 1998, pp.1-10
37) 栗原嘉一郎ほか「研究行為において利用される図書資料の種類と量（大学図書館の建築計画に関する研究・2）」『日本建築学会論文報告集』No.289, 1980, pp.131-137
38) 武者小路澄子「日本における学術図書出版点数の定量的分析」『Library and information science』No.25, 1987, pp.65-80
39) 市川惇信「学術情報流通の場としてみた学協会：日本学術会議の調査から」『情報の科学と技術』Vol.45, No.8, 1995, pp.370-377
40) 斎藤憲一郎「引用文献からみた理工学分野における文献利用の特徴」『Library and information science』No.23, 1985, pp.125-135
41) 大庭治夫・後藤嘉宏「専門資料論のディシプリンと方法論について：「諸矛盾」ということを手がかりに，社会科学専門資料論を中心にした考察」『図書館情報大学研究報告 ULIS』Vol.15, No.1, 1996, pp.37-62
42) 高山正也・磯部修子「専門・実用雑誌のコアジャーナル選定方法：販売部数と広告料金の選定方法に与える有効性の検討」『Library and information science』No.24, 1986, pp.93-112. 篠本有希・上田修一「遺伝子工学のコアジャーナル：雑誌の構造からみた先端分野と既存分野との関係」『Library and information science』No.22, 1984, pp.31-45
43) 小林一春・福島寿男「被採録2次資料数による日本の科学技術コア・ジャーナル：日本科学技術関係逐次刊行物総覧1992年版のデータを利用した1つの試み」『科学技術文献サービス』No.104, 1994, pp.12-29
44) Garfield, E., The significant scientific literature appears in a small core of journals, *The Scientist*, Vol.10, Issue 17, Sep.2, 1996, pp.13-16

45)「Genamics JournalSeek」〈http://journalseek.net/〉[Last accessed: 2011.12.31]. 2011 年12 月現在の登録数は 97799 誌。
46) 窪田輝蔵『科学を計る：ガーフィールドとインパクト・ファクター』インターメディカル, 1996, pp.127-163. 第 3 節　日本の研究水準と研究者
47)『日本の図書館：統計と名簿』(2010) 日本図書館協会, p.235
48) 科学技術・学術審議会学術分科会研究環境基盤部会学術情報基盤作業部会 (平成 21 年 7 月), 前掲書〈http://www.plosone.org/article/info:doi/10.1371/journal.pone.0020961〉[Last accessed: 2011.12.31]. 簡潔な文書なので利用させていただいた。
49) 栗山正光「機関リポジトリ：大学図書館の新しい挑戦」『図書館雑誌』99 巻 11 号, 2005, p.778
50) 木村優「学術コミュニケーションの変革と大学図書館：電子ジャーナル, オープンアクセス, 機関リポジトリ」『医学図書館』Vol.52, No.2, 2005, pp.129-137
51) Dotinga, Randy「Open-Access Journals Flourish」2005 年 4 月 12 日。〈http://wayback.archive.org/web/*/http://www.wired.com/news/medtech/0,1286,67174,00.html〉[Last accessed:2011.12.31]
52) Laakso, Mikael, et al., The Development of Open Access Journal Publishing from 1993 to 2009, *PLoS ONE*, Vol.6, No.6〈http://www.plosone.org/article/info:doi/10.1371/journal.pone.0020961〉[Last accessed: 2011.12.31]
53)「1993 年から 2009 年までの期間のオープンアクセス誌出版の動向 (文献紹介)」『カレントアウェアネス・ポータル』(Posted 2011 年 6 月 16 日)〈http://current.ndl.go.jp/node/18430〉[Last accessed:2011.12.31]
54) University of Nottingham, UK「The Directory of Open Access Repositories：OpenDOAR」〈http://www.opendoar.org/find.php〉[Last accessed: 2011.12.31]
55) 国立情報学研究所学術基盤推進部学術コンテンツ課図書館連携チーム　機関リポジトリ担当「機関リポジトリ一覧」〈http://www.nii.ac.jp/irp/list/〉[Last accessed: 2011.12.31]

## 考えてみよう・調べてみよう

1. 日本の論文を探せる「CiNii Articles」(http://ci.nii.ac.jp/) を利用して, 自分の興味ある分野の本文付き論文を電子的手段で入手してみよう。次に電子的入手手段の発展による図書館サービスへの影響をみんなで話し合ってみよう。
2. 外国雑誌価格高騰の最大の要因は, 大手出版社であるエルゼビアとシュプリンガーによる 40% 超の市場の寡占化にあるといわれている。たとえばある 1 誌の雑誌価格 (年間購読料 100 万円) が急に 2 倍, 3 倍となった場合, 資料購入に与える影響をみんなで話し合ってみよう。

## 読書案内

逸村裕・竹内比呂也編『変わりゆく大学図書館』勁草書房, 2005 年
倉田敬子『学術情報流通とオープンアクセス』勁草書房, 2007 年

# あとがき

本書は，司書養成カリキュラムのなかで，必修科目となっている「図書館情報資源概論」のテキストを意図して執筆したもので，本シリーズ第8巻に当たる。「図書館情報資源概論」は，1970年代半ばからこれまで使用されてきた「図書館資料論」と，あえて言えば「専門資料論」を統合した事実上の後継科目である。公共図書館や大学図書館のおかれる情報環境の変化に対応するため，カリキュラム改正に伴い，ネットワーク資源や電子資料に関する項目が追加されるなどし，「図書館情報資源概論」という教科名が与えられることになった。

ところで，公共図書館をめぐっては様々な意見の対立や衝突が見られる。本書は「情報資源概論」を名乗っているが，資料・情報そのものだけを解説するのではなく，その背景となる資料の発生，資料に関わる人々，資料を必要とする人々，問題点や課題についてもなるべく言及するようにした。とりわけ資料選択においては，『市民の図書館』の考えが広く普及し，活性化した1980年代の図書館活動を出発点として，新旧の文献で肉付けすることにした。また，論争が続く資料選択理論については，それぞれの立場の意見を紹介した。最近では出版業界が，図書館の貸出しが書籍の売上げを圧迫しているとの異議申し立てを行ったが，筆者はある新聞記事の存在を思い出した。『讀賣新聞』1976年11月30日付けの夕刊には，年間購買力はわずかに300億円に過ぎない図書館界は，一兆円産業の出版業界から全く相手にされていない，という内容の記事を見つけることができる。筆者は，図書館が出版業界から無視できない存在としてようやく認識された，と別の意味で感慨に浸ったが，本書では両者の共存共栄を前提に論を進めた。

他方，執筆で頭を悩ましたのは「電子書籍」の扱いである。電子書籍市場が未成熟なのに加え，蔵書に相応しいコンテンツも不足気味である。筆者は

2007年から，千代田区立図書館・評議会評価部会の委員を務めているが，同図書館が提供する「千代田Web図書館」については，部会でも評価に苦慮している。電子書籍市場が活性化する時期は全く見通しがつかず，図書館が電子書籍を貸出す時代が本格的に到来するかさえ予測不能である。しかし，一つはっきりと言えるのは，電子書籍が紙書籍の発行点数・部数を超える日がいつか必ず訪れる，ことである。その時になってから図書館は考えれば良いという，楽観的な考えもあろうが，それでは遅い。人心を一新するまでには10年はかかるとされる。この新しいサービスを早期に定着させるためにゼロからの出発とならぬように，読者の皆さんには，市場や業界の動向に注目し，理解を深めてほしい。

本書は多くの人のご協力の賜物である。教員ではない私にとって，教育現場で実際に教鞭をとる実践女子大学図書館学課程の塚原博先生と小林卓先生，そして実践女子短期大学図書館学課程の松尾昇治先生からの貴重なご助言は執筆を進めていくうえで的確な指針となった。また常葉学園短期大学に所属される新進気鋭の研究者である大場博幸先生からは発表直前の資料選択に関する論文をご提供いただいた。本書ではその貴重な論文を理論展開における補強材料として利用させていただいた。最後に，本書執筆の機会と懇切丁寧なご指導を下さった当シリーズの監修者である大串夏身先生と金沢みどり先生のお二人，そして短期で一冊の本を仕上げてくださった学文社編集部の皆さんには厚く御礼申し上げます。

2012年8月吉日

伊藤 民雄

# 索　　引

### さ

### た



### な

は



ま



や



ら

**監　修**

大串　夏身　（昭和女子大学名誉教授）
金沢　みどり（東洋英和女学院大学教授）

**著　者**

伊藤　民雄　（いとう　たみお）
現　　職：実践女子学園勤務
略　　歴：千代田区図書館評議会評価部会委員（2007年より3期目），聖徳大学司書講習講師として情報検索演習担当（2009-2011），情報サービス演習担当（2012），国立情報学研究所産学連携研究員（2012）として電子リソース管理データベース（ERDB）の構築プロジェクトに協力
専門分野：図書館情報学
関心領域：図書館分類法（DDC，BC2）など
主な著作：
『インターネットで文献探索　2010年版』（単著，日本図書館協会，2010），「雑誌データベース「日本語学術雑誌情報源ナビゲーター（JJRNavi）」：その後の報告と考察」『専門図書館』No. 246, pp.54-60（単著，専門図書館協議会，2010），『情報サービス論及び演習』（共著，学文社，2011），『世界の出版情報調査総覧』（単著，日本図書館協会，2012）

［ライブラリー　図書館情報学 8］
**図書館情報資源概論**

2012年9月20日　第1版第1刷発行
2022年9月30日　第1版第4刷発行

監　修　大串　夏身
　　　　金沢　みどり

著　者　伊藤　民雄

発行者　田中　千津子
発行所　株式会社　学　文　社

〒153-0064　東京都目黒区下目黒3-6-1
電話　03（3715）1501㈹
FAX　03（3715）2012
https://www.gakubunsha.com


印刷　新灯印刷


ISBN 978-4-7620-2304-0

# ライブラリー　図書館情報学
〔全10巻〕

監修
大串　夏身（昭和女子大学名誉教授）
金沢 みどり（東洋英和女学院大学人間科学部教授）

第１巻　生涯学習概論〔渡部 幹雄〕
第２巻　図書館概論〈第４版〉〔大串 夏身・常世田 良〕
第３巻　図書館情報技術論〈第２版〉〔日高 昇治〕
第４巻　図書館制度・経営論〈第２版〉〔柳 与志夫〕
第５巻　図書館サービス概論〈第２版〉〔金沢 みどり〕
第６巻　情報サービス論及び演習〈第２版〉〔中西 裕・松本 直樹・伊藤 民雄〕
第７巻　児童サービス論〈第３版〉〔金沢 みどり・柳 勝文〕
第８巻　図書館情報資源概論〔伊藤 民雄〕
第９巻　情報資源組織論及び演習〈第３版〉〔那須 雅熙・蟹瀬 智弘〕
第10巻　図書・図書館史〔綿拔 豊昭〕

高度情報通信ネットワークを基盤とした新しい社会が姿を表しつつあります。それは日本の情報政策でも示唆されているように，知識が次々と生まれる創造的な社会であり，誰でもがネットワークを活用するユビキタスネット社会であり，ネットワークを積極的に活用して課題を解決していく社会です。また，デジタル化された知識と情報をいつでも誰でもがネットワークを通して入手できる社会でもあります。こうした社会では，図書館は新しい役割を，またそれにふさわしいサービスの創造・提供を期待されています。

新しい時代の図書館の担い手である司書の新カリキュラムが平成24年度から開始されました。本シリーズは，新カリキュラムに沿って作成されたものです。同時に，新しい時代の図書館の担い手にふさわしい司書のあり方を視野に入れた創造的なテキストであることを目指すものでもあります。これからの司書の育成に大いに貢献することを期待して新シリーズを送り出すものです。